USA KOMPAKT

Copyright ©2014 by Sybille Meyer-Ouart
1. Auflage
Umschlaggestaltung: Marco Chuda
Titelbild: Pixabay
Herstellung und Verlag:
BoD - Books on Demand, Norderstedt
ISBN-Nr.: 9783735740779

Sybille Meyer-Ouart

- USA KOMPAKT -
Detaillierter Ratgeber für
Individualreisen in die USA

Planung, Tipps, Links, Do's and Don'ts, kulturelle Unterschiede und Erfahrungsberichte

Vorwort

Ich wurde 1964 in Berlin geboren und hatte schon von frühester Jugend an ein großes Faible für die USA. 1989 wurde mein Traum wahr und ich konnte meine erste USA Reise antreten. Es ging zunächst auf die Tanque Verde Ranch nach Tucson, Arizona. Für einen Stadtmenschen wie mich war alles unfassbar: Die Weite des Landes, die Freundlichkeit der Menschen und die wunderbare Natur, die unterschiedlicher zu Europa gar nicht sein könnte, und natürlich richtige Cowboys. Schon morgens um 7.00 Uhr ging es los mit dem ersten Ausritt durch ausgetrocknete Flussbetten oder den Saguaro National Monument Park mit den dreiarmigen Riesenkakteen. Wir haben auf unseren Ritten Klapperschlangen, Taranteln, Skorpione, Geier, Javelinas (Minischweine) und Coyoten gesehen, während wir unter der heißen Sonne Arizonas und bei Temperaturen von 40 Grad im Schatten durch die Landschaft galoppierten – loping heißt das bei den Cowboys. In dieser einen Woche habe ich mich in das Land und die Leute verliebt und ich wusste, ich bin hier Zuhause. Dass mein Traum wahr werden würde und ich später in Tucson leben sollte, wusste ich zu diesem Zeitpunkt natürlich noch nicht. Unsere Reise setzten wir fort mit einer Rundreise in einer deutschen Reisegruppe. Es ging nach New York City, die Niagara Fälle, Los Angeles, San Francisco, den Yosemite Nationalpark weiter über Las Vegas und den Grand Canyon nach New Orleans, Miami und zurück nach New York. Die Rundreise hat mir die Schönheit des Landes noch näher gebracht, was jedoch fehlte, waren die Kontakte zu Amerikanern. Ich kehrte nach Berlin zurück, von dem Gedanken besessen, so schnell wie möglich wieder in die USA zu reisen.

So flog ich noch einmal für ein paar Tage auf die Ranch nach Arizona und verbrachte dann eine Woche in New York und anschließend bei Freunden auf Long Island bis ich die Chance erhielt, über Camp America einen ganzen Sommer in einem Camp der YMCA in Kalifornien in den San Bernadino Mountains, das liegt zwischen Palm Springs und Los Angeles, als Reitlehrerin zu arbeiten. Dort lernte ich meinen Mann kennen, wir heirateten 1991 und zogen von Los Angeles nach Tucson. Ich war endlich Zuhause. Es folgte eine holprige Zeit mit wenig Geld und viel Arbeit und nach einigen Jahren mein Umzug zurück nach Berlin und später die Scheidung. Trotz vieler Hindernisse, kultureller Unterschiede, nicht anerkannter Ausbildung und dem täglichen Kampf ums Überleben (580 USD/Monat netto bei Vollzeitarbeit (41 Std./Woche) ohne Krankenversicherung) war dies die schönste Zeit meines Lebens. Ich liebe dieses aufregende, wunderschöne Land mit seinen freundlichen, aufgeschlossenen und hilfsbereiten Menschen. Und dies möchte ich Ihnen näher bringen und Sie motivieren, statt einer organisierten Rundreise mit einer Reisegruppe, auf der man zwar viel sieht und sich um nichts kümmern muss aber das wahre Amerika verpasst, sich auf eigene Faust auf den Weg zu machen. Bleiben Sie dort, wo es Ihnen gefällt und knüpfen Sie Kontakte. Amerikaner sind sehr aufgeschlossen, finden Europa wahnsinnig aufregend und sind neugierig, woher Sie kommen und wie es da so ist und schon sind Sie im Gespräch. Sie finden in den USA alles für Ihren Traumurlaub: Tolle Landschaften, aufregende Städte, Einsamkeit, schneeweiße Strände, nette, höfliche Menschen, hervorragendes Essen und die allerbesten Einkaufsmöglichkeiten zu Schnäppchenpreisen.

Sie haben – natürlich nur aufgrund meines Vorwortes ☺ - beschlossen, auf eigene Faust in die Vereinigten Staaten von Amerika zu reisen und sich keiner Reisegruppe anzuschließen? Damit haben Sie eine gute Wahl getroffen. Die nachfolgenden Seiten sollen nicht den herkömmlichen Reiseführer ersetzen, sondern diesen durch Do's and Don'ts ergänzen und Ihnen den American Way of Life näherbringen. Bitte behalten Sie immer im Hinterkopf: Dies ist ein fremdes Land und auch wenn die USA Deutschland sehr ähnlich sind, ist doch vieles anders, sogar illegal, und Sie möchten sich ja nicht plötzlich in einer Polizeizelle wiederfinden. Seien Sie daher bitte gegenüber dem Neuen aufgeschlossen, denn nur weil es in den USA anders gemacht wird als bei uns, ist es noch lange nicht falsch oder schlechter. Ich versuche, in den nachfolgenden Seiten alles Wichtige abzudecken. Diese Seiten basieren auf vielen Erfahrungen, auf eigenen sowie auf denen von Freunden, und wie ich Land und Leute kennen gelernt habe. Sicher werden sich Menschen finden, die andere Erfahrungen gemacht haben und nicht immer meinen Ausführungen zustimmen, insbesondere wenn ich von den „Amerikanern" spreche. Das liegt in der Natur der Sache und natürlich gibt es nicht die „Amerikaner" genauso wenig, wie es die „Deutschen" gibt, aber ich denke schon, dass es bestimmte Eigenschaften gibt, die Amerikaner von den Deutschen unterscheiden und das versuche ich Ihnen näher zu bringen.[1] Größtes Vorurteil ist z. B. – und das höre ich immer wieder von allen Seiten –, dass Amerikaner sehr oberflächlich sind. Ich habe dies nicht so empfunden und auch nicht kennen gelernt.

---

[1] *Leser anderer Nationen bitte ich um Verständnis, dass ich mich in diesem Ratgeber wiederholt auf Unterschiede zwischen D/USA beziehe, da ich mir andere Vergleiche nicht anmaßen möchte.*

Ich denke, dass der Deutsche zunächst zurückhaltend ist und vorsichtig herausfindet, ob er jemanden mag oder nicht und mit dem näheren Kennenlernen sich erst nach und nach öffnet und das Du anbietet, während der Amerikaner von Anfang an sehr offen und freundlich ist und generell eine positive Grundeinstellung hat, wodurch ich mich daher oft sofort gemocht, aufgenommen und akzeptiert gefühlt habe. Wenn ein Amerikaner dann noch beim Abschied sagt „see you/talk to you later" – und das ist der kulturelle Unterschied – ist das für die Amerikaner ein ganz normales auf Wiedersehen ohne besondere Absichten, eine Floskel halt, während wir Deutschen davon ausgehen, dass wir uns dann wirklich wiedersehen oder miteinander sprechen/telefonieren werden. Natürlich sind wir dann enttäuscht, wenn das nicht passiert und so halten wir die Amerikaner für oberflächlich, obwohl diese ein genauso inniges Verhältnis zu ihren Freunden haben wie wir zu unseren. Auch „lieben" die Amerikaner oft und gerne. Ich glaube, in Deutschland würde kein „Star" in die Menge rufen, „ich liebe Euch". Das wär in meinen Augen für uns eher zurückhaltende Deutsche doch mehr als gewöhnungsbedürftig wenn nicht gar lächerlich, während dies in den USA bei jeder Gelegenheit Gang und Gäbe ist, auch hier eine Floskel, wobei dort natürlich jeder weiß, dass dies in dem Fall nicht wirklich stimmt. Genauso wie oft alles „great, wonderful oder perfect" ist, weil auch Lob ungehemmt und gerne vergeben wird. Werden wir in Deutschland also vom Ober gefragt, ob das Essen uns gemundet hat, sagen wir oft einfach schlicht „ja, Danke" in den USA sage ich - typisch amerikanisch - „wonderful oder delicious (wunderbar oder köstlich). Sie finden das übertrieben? Welcome to America.

Sybille Meyer-Ouart

Inhaltsverzeichnis

I. Wichtige Telefonnummern

Notruf in den USA: 911 (Polizei und Krankenwagen)

ADAC Notrufnummer USA/Kanada : 1 888 222 13 73

Vorwahlen: **011** + Ländervorwahl	
Deutschland	**49**
Schweiz	**41**
Österreich	**43**

Sperr-Notruf Kreditkarten in Deutschland[2]	
aus Deutschland (gebührenfrei)	116 116
aus den USA (gebührenpflichtig)	01149 116 116
oder	01149 30 4050 4050

Sperr-Notruf Kreditkarten/Traveller Cheques weltweite Übersicht: kostenlose-kreditkarten.net/rufnummern-kreditkartensperrung.html

---

[2] Einige Institute **nehmen nicht** am Sperr-Notruf teil. Erkundigen Sie sich daher vor Abflug bei Ihrer Bank, welchen Sperrnotruf Sie im Notfall wählen müssen und speichern Sie diesen vorsichtshalber gleich mit Vorwahl im Handy ab oder s. Teilnehmerliste sperr-notruf.de

Auslandsvertretungen:

Deutschland	Telefon
Botschaft Washington D.C.	1 (202) 298-4000
Generalkonsulate:	
Atlanta:	1 (404) 659-4760
Boston:	1 (617) 365-7045
Chicago:	1 (312) 202-0480

Schweiz	Telefon
Botschaft Washington D.C.	1 (202) 745-7900
Generalkonsulate:	
Atlanta:	1 (404) 870-2000
Chicago:	1 (312) 915-0061
	1 (312) 915-4500
Los Angeles	1 (310) 575-1145
New York	1 (212) 599-5700
San Francisco	1 415 788 2272

Österreich	Telefon
Botschaft Washington D.C.	1 (202) 895-6700
Generalkonsulate:	
Chicago:	1 (312) 222-1515
Los Angeles	1 (310) 444-9310
	1 (310) 473-4721

II. Planung

Bitte beachten Sie vor Ihrer Planung zunächst die Hurricane- (z. B. Florida, die Südstaaten), Monsun- (z. B. Arizona, New Mexico) und Tornado- (z. B. mittlerer Westen) Saison in einzelnen Bundesstaaten und googlen Sie Ihr Ziel vorab.

Bitte bedenken Sie, dass es in den Sommermonaten in manchen Bundesstaaten sehr heiß wird und dazu eine sehr hohe Luftfeuchtigkeit kommen kann, die nicht jeder verträgt (z. B. Florida, die Südstaaten oder sogar zeitweise New York, wo selbst ich im August schon mal Platzangst bekommen habe, weil mich die schwüle Wand beim Verlassen des Hotels nach Luft schnappen ließ, während Sie z. B. in Nevada, Arizona oder Neu-Mexiko eine überwiegend trockene Hitze vorfinden).

Sicher werden Sie schon ein Reiseziel in den USA vor Augen haben. Falls nicht, können Sie sich auf meiner Website www.usakompakt.com oder bei amerika-forum.de (unter Reiseberichte oder Routenplanung) Anregungen holen, sich auf zahlreichen Internetplattformen ausgiebig informieren, z. B. Ort + Tourist office googlen, oder sich einen Travel and vacation guide: free-travel-guides.us von dem jeweiligen Bundesstaat (unter State Guides) oder der Stadt (unter local guide) zusenden lassen und online viele Informationen und Tipps finden.

Wichtiges Tool für die Planung und von mir immer gern genutzt, sind Webseiten mit Links zu und Bewertungen von Hotels, Ferienwohnungen- und häusern oder gar Kreuzfahrten, wie tripadvisor.de oder in englisch travelpost.com. Falls Sie sich die Planung nicht alleine zutrauen, können Sie sich die Reise (ob per Auto oder Motorrad) von einem Veranstalter individuell zusammenstellen lassen (googlen Sie Individualreisen oder Motorradreisen USA). Wollen Sie Ihre Rundreise vorab durchplanen und buchen die Übernachtungen bei einer bestimmten Hotelkette, können Sie ggf. „Reward" Punkte sammeln und Ermäßigungen erhalten, wie z. B. ggf. eine Nacht gratis übernachten.

Beachten Sie auch Sonderpreise für ADAC (AAA) Mitglieder und Senioren (falls Sie online buchten, z. B. unter „select rate" die entsprechende Option auswählen). Eine preiswerte Alternative zu Hotels/Motels oder Ferienwohnungen wären z. b. für junge Leute (Altersbegrenzung) Youth Hostels (Bedingungen beachten – googlen Sie Youth Hostels + Ort) und manchmal findet man unter „Bed and Breakfasts" urige kleine familiengeführte Hotels. Unter www.sublet.com finden sich neben Ferienwohnungen z. B. auch Zimmervermietungen (z. B. für einen längeren Aufenthalt bei Praktikum oder Studium in den USA), auch hier würde ich die Bewertungen beachten und dass es ein „trusted" (überprüfter) Anbieter ist.

Bei der Planung einer Rundreise ist die Software „Street and Trips" von Microsoft empfehlenswert. Man kann dort für den gesamten Road-Trip alle Details berechnen, die gewünschte Fahrtdauer pro Tag und alle evtl. POI's integrieren. POIs sind z. B. mögliche Blitzerstandorte, wichtige Punkte (Sehenswürdigkeiten) aber auch Tankstellen z. B. einer bestimmten Kette, Informationen wo sich der nächste Geldautomat befindet oder Sonderziele. Die fertige Route lässt sich auf einfache Weise dann auf das Navi übertragen:
www.microsoftstore.com/store/msde/de_DE/pdp/AutoRoute-2013/productID.284826600
oder einfach die Route über https://maps.google.com/ berechnen.

Sollten Sie eine Rundreise mit Campingmobil ins Auge fassen, stellen Sie sich die Frage, ist Camping wirklich was für mich und überschlagen Sie die Kosten. Ein Wohnmobil ist nämlich weitaus teurer als ein Mietwagen und hinzukommen dann noch die Gebühren für den Campingplatz (ca. 20 USD – 45 USD bei besseren Plätzen, die Wasser, Strom, Duschen etc. haben und ca. 5 USD – 10 USD bei sehr einfachen Plätzen). Dann wären da noch ggf. die Eintrittsgelder in Nationalparks, der höhere Benzinverbrauch und die Parkplatzsuche und das Fahren in Großstädten.

Ich habe diese beiden informativen Seiten gefunden, die Ihnen in Ihrer Entscheidungsfindung sicher helfen werden: usatipps.de/tipps/reise/camping/ und mathiaspohl.de/dx/usa-urlaub-mit-wohnmobil-erfahrungen/.

Falls Sie eine Tour durch Nationalparks planen, wäre evtl. die Anmietung einer sogenannten „Cabin" (Hütte) anstelle eines Campers eine gute Alternative. Hier finden Sie eine Übersicht von Übernachtungsmöglichkeiten in Nationalparks:
http://usparks.about.com/od/nationalparksus/a/parklodgesname.htm
Bitte beachten Sie unbedingt die Temperaturen im Zielgebiet für den Reisezeitraum. Gerade wenn es z. B. in Teilen von Kalifornien, Arizona oder Nevada (noch oder schon) warm ist, können Straßen zu Nationalparks aufgrund von Schnee schon im Herbst oder noch im Frühling gesperrt sein, manche Straßen sind generell zu bestimmten Zeiten gesperrt. Zu diesem Thema habe ich diesen interessanten Nationalpark-Reiseführer gefunden: http://www.hohermuth.com/.

Egal, wo Sie den Urlaub verbringen, googlen Sie einfach vorher die Umgebung des Hotels/Apartments oder Restaurants + Ort und informieren Sie sich, wo der nächste Supermarkt und andere Einkaufsmöglichkeiten sind. Dank Google Map, Google Earth oder Google Street View können Sie sich die Gegend vorher ansehen und entscheiden, ob Sie dort Ihren Urlaub verbringen möchten.

Planen Sie eine Rundreise, empfiehlt es sich, z. B. in Las Vegas (bei Boxkampf oft ausgebucht) oder in anderen Ballungsgebieten, vorab ein Hotelzimmer zu reservieren. Bitte beachten Sie die Stornierungsbedingungen. Manchmal können Sie Geld sparen, wenn Sie das bereits gebuchte Zimmer kostenlos stornieren und nochmal neu kurz vor der Ankunft online buchen. Gerade in Las Vegas gibt es oft kurzfristig Zimmer zum Schnäppchenpreis, wenn das Hotel nicht gut gebucht ist. Fast alle Hotels, die in Las Vegas am sogenannten „Strip" liegen, erheben übrigens seit 2009 eine „Resort Fee". Wie hoch sie ist und was sie beinhaltet, können Sie diesem Link entnehmen: http://www.vegas-online.de/resort-fees.htm.

Hotels/Motels in Städten bzw. in Touristengebieten sind teurer, als wenn Sie sich außerhalb einmieten und so empfiehlt sich diese Alternative manchmal – abhängig davon, was Sie vorhaben. Sicher empfiehlt sich in New York City ein Hotel in Manhatten, denn dort ist der Verkehr mörderisch und Parkplätze teuer; in New Orleans jedoch war es gar kein Problem, vor der Stadt zu übernachten, ins French Quarter zu fahren, dort ohne Probleme zu parken und später wieder zurück ins Hotel zu fahren, es sei denn Sie sind den Daiquiries genauso verfallen wie ich, denn sie schmecken einfach köstlich, und können aufgrund Ihres Alkoholspiegels nicht mehr fahren. Wenn Sie also einen Laden sehen, in dem etwas steht, das aussieht wie Waschmaschinen, die bunt gefüllt sind, gehen Sie rein und probieren Sie diese Köstlichkeit aus weißem Rum und Fruchtgeschmack: bigeasydaiquiris.com. Ein Getränk mit dem Zusatz „Virgin" (jungfräulich) ist übrigens die alkoholfreie Variante!

Zu bedenken ist auch, dass amerikanische Städte sehr weit gefächert sind und Downtown nicht unbedingt das, was wir Europäer unter Zentrum verstehen. Meist befinden sich in Downtown Büros, Banken, Unternehmensberatungen und staatliche Gebäude (wie z. B. die Polizeizentrale). Am Wochenende und abends ist hier nicht viel los und ich persönlich finde es dort auch nicht unbedingt sicher. Dies ist aber abhängig von der Stadt. So versucht z. B. Los Angeles sein Downtown durch Veranstaltungen, wie z. B. Konzerte, attraktiver zu machen, während in Downtown Orlando bereits durch viele Bars und Clubs ein attraktives Nachtleben existiert.

Dann sind da noch die Touristengebiete, wie z. B. das French Quarter in New Orleans, Old Town in Santa Fé, Old Town in San Diego, Beverly Hills, Hollywood oder Venice Beach in/bei Los Angeles. Auch im Großraum Orlando ist alles weit gefächert. Hier gibt es zum einen die Parks im Süden, dann Downtown, nördlich davon das British anheimelnde Baldwin Park oder Winter Park mit hübschen kleinen Läden und Restaurants in der Park Avenue. Informieren Sie sich daher bitte vorab über Lage Ihres Feriendomizils und die nähere Umgebung/Ausflugsziele.

Egal, ob Sie Hotel oder Ferienwohnung buchen: Bitte beachten Sie die Rauchverbote und buchen entsprechend.

Übrigens ist es in den USA nicht unüblich, Bettwäsche ungebügelt auf das Bett zu ziehen und kein Grund zur Beanstandung. Amerikanische Betten bestehen nicht aus zwei Matratzen, auch wenn es so aussieht. Das untere Teil ist der umbaute (oftmals gefederte) Lattenrost und darauf liegt eine Matratze. In der Regel haben Amerikaner einen „Comforter (Tagesdecke) auf Ihrem Bett liegen.

Zwischen Oberteil und Unterteil des Bettes kommt dann ein sogenannter „Ruffle", das ist eine Art Schürze, die die Beine des Untergestells verbirgt. So kann man nach Lust und Laune sein Bett regelmäßig farblich umgestalten, und es sieht wie ein Polsterbett aus.

1. *Ferienwohnung/Ferienhaus*

Suchen Sie nach einer Ferienwohnung oder einem Ferienhaus, finden Sie entsprechende Angebote z. B. bei Tripadvisor, FeWo Direkt, DERTOUR oder unter vrbo.com, im Internet unter Ferienwohnungen/-häuser) USA oder Ferienwohnungen (-häuser) + Ort, in (lokalen) Zeitungen in Deutschland, bei Ebay Kleinanzeigen oder in den USA, indem Sie einfach vacation rentals und das Reiseziel googlen. Schnäppchen sind auch unter Craigslist zu finden. Craigslist ist vergleichbar mit Ebay Kleinanzeigen, die Sie in den USA unter Ebay classifieds finden, jedoch wird m. E. Craigslist weitaus öfter genutzt und hat dadurch mehr Angebote. Googlen Sie Craigslist + Zielort und nachdem sich die Website geöffnet hat, finden Sie die Angebote unter Housing / Vacation Rentals (Achtung: Auch in den USA gibt es Betrüger, zahlen Sie keine Beträge vorab, es sei denn durch gesicherte Transaktionen wie z. B. PayPal). ACHTUNG in New York City dürfen Wohnungen nicht als Ferienwohnungen vermietet werden (Zweckentfremdung), es sei denn der Vermieter wohnt auch dort und ist in der Zeit anwesend sonst wäre dies illegal!

Beachten Sie Ihre Bedürfnisse. Wie viele Schlafzimmer und Bäder und welche Ausstattung (W-LAN (WiFi genannt), Telefonanschluss, Pool, Waschmaschine/Trockner, Mikrowelle, Fitnessgeräte?) benötigen Sie, worauf legen Sie wert? Wie ist die Lage (der Blick in den Garten/aus dem Fenster/vom Balkon, Privatsphäre vorhanden oder schauen Sie den Nachbarn auf den Teller oder auf eine Bretterwand? Ruhiges Wohngebiet oder Hauptverkehrsstraße oder was dazwischen, Laufdistanz zu Restaurants, ein Park zum joggen etc. oder ist man immer auf den Mietwagen angewiesen und wie weit ist die nächste Lärmquelle, insbesondere der nächste Flughafen, entfernt? Welche Kosten sind in der Miete enthalten (Strom für Klimaanlage kann teuer werden), Wasser, Telefon, W-LAN (WiFi), Poolheizung, Steuern, Endreinigung, Haftpflichtversicherung?), wie ist die Kaution zu zahlen (Kreditkarte, Traveller Cheques, PayPal möglich?), wann wird der Restbetrag fällig und wie/wann wird die Kaution erstattet (ein US Scheck nützt Ihnen nichts)? Wo und bis wann kann der Schlüssel entgegengenommen/abgeholt werden (ggf. erste Übernachtung anderweitig organisieren bei sehr später Ankunft)? Ist die Wohnung/das Haus nicht nur ggf. ruhig gelegen, sondern auch in der Nähe z. B. vom Strand, Attraktionen, Altstadt, Sightseeing, Supermarkt oder Einkaufszentren und Restaurants? Ist das Objekt gut mit dem Auto zu erreichen und wie weit ist es von einer Hauptverkehrsstraße oder insbesondere der Autobahn (Freeway) entfernt, die die schnellste Verbindung innerhalb einer Stadt oder zwischen Orten ist. Stellen Sie sich die Frage:" bin ich lieber schnell am Ziel oder nehme ich eine längere Anfahrt in Kauf, um ggf. in einer besseren/ruhigeren Wohnlage, mit einer besseren Ausstattung oder preiswerter (weniger zentral oder außerhalb) zu wohnen". Meistens müssen Sie für die Reservierung eine bestimmte Summe anzahlen. Oft geht dies über Ihre Kreditkarte. Falls der Vermieter diese Zahlungsmethode und auch PayPal nicht akzeptiert, senden sie Traveller Cheques per Einschreiben, notieren sich die Schecknummern und vergessen nicht, zweimal zu unterschreiben. Dann senden Sie alles an den Vermieter und lassen sich den Erhalt und die Reservierung schriftlich bestätigen.

Bitte beachten Sie, dass in den USA immer die Anzahl der Schlafzimmer ausgeschrieben ist und nicht die Anzahl der Räume insgesamt. Jedes Schlafzimmer hat immer einen Einbau- oder begehbaren Kleiderschrank, sonst gilt es offiziell nicht als Schlafzimmer. Kleiderschränke wie bei uns sind nicht üblich, daher zählen Räume, wie ein Family Room (Familienzimmer meist legerer zum Fernsehen), ein „formal Living Room" (Wohnzimmer für Gäste), ein formal Dining Room (separates Esszimmer für besondere Anlässe), ein „Den" (Arbeitszimmer) oder ein ausgebautes Souterrain nicht und so kann ein von Ihnen gebuchtes Haus mit z. B. drei Schlafzimmern (3 bedrooms) dann auch mal weitaus mehr Zimmer haben.

Ein Breakfast Nook ist eine Essecke. Die Größe ist nicht in qm angegeben, sondern in square feet. 1 qm sind 10,7 square feet. Auch ist es nicht unüblich, dass Häuser mehr als ein Bad haben und manchmal sogar mehr Bäder als Schlafzimmer. Sehen Sie eine Anzeige 2br 2ba, handelt es sich um eine Wohnung/Haus mit 2 Schlafzimmern und 2 Bädern 2 ½ ba wären 2 ½ Bäder, das halbe ist dann ein sogenannter „Powder Room", was wir unter einer Gästetoilette verstehen. Ein Jack and Jill bathroom ist ein Badezimmer, das „en Suite" zwischen zwei Schlafzimmern liegt und von beiden aus begangen werden kann. Übrigens sind die „normalen" Badewannen kürzer und flacher als bei uns, so dass man nur wenig komfortabel darin liegen kann. Dafür gibt es dann sogenannte Soaking tubs (Einweichwannen), die natürlich beliebt aber nicht Standard sind. Eine Wanne mit „Jets" (auch jetted tub oder jacuzzi tub) hat Massagedüsen.

Wenn Sie in einer Anzeige das Wort „Garbage Disposal" lesen, befindet sich in dem Waschbecken in der Küche ein eingelassener Häcksler und in der Wand ein Schalter zum an- und ausschalten. Hier können Sie nun Küchenabfälle, wie Kartoffelschalen oder Essensreste etc., statt in den Mülleimer zu werfen, kleinhäckseln und über die Abwasserleitung bei laufendem Wasser aus der Wohnung spülen. Bitte passen Sie auf Ihre Finger auf und überprüfen Sie vor dem Anschalten, ob der Häcksler frei von Gegenständen ist, wie z. B. ein versehentlich reingefallenes Messer.

Inzwischen gibt es auch in den USA moderne Ceranherde. Sollten Sie jedoch einen Herd älterer Bauart gegenüberstehen, sehen Sie statt der Herdplatten Heizspiralen. Die Knöpfe befinden statt vorne meist hinten am Herd. Das hat den Vorteil, dass Kinder nicht an den Knöpfen spielen können, andererseits müssen Sie über die Töpfe und Pfannen greifen, um die Temperatur zu regulieren, was bei heißem Wasserdampf oder spritzendem Fett schmerzhaft sein kann.

Fenster öffnen Sie übrigens i. d. R. durch hoch- oder zur Seite schieben (Achtung ggf. vorher entriegeln), was übrigens das Reinigen von Fenstern erschwert/fast unmöglich macht, und das Erdgeschoss ist nicht das Erdgeschoss, sondern bereits der 1. Stock (1st floor) (bzw. im Hotel die Lobby) und oftmals fehlt in Gebäuden auch die 13. Etage (Aberglauben?).

Anhand der Apartmentnummer erkennen Sie meistens (aber nicht immer), in welchem Stock die Wohnung liegt, z. B. Apartment #309 für den 3. Stock (der nach deutscher Zählweise der 2. Stock ist). # ist in den USA das Kürzel für Nummer.

Mülltrennung kennt man in den USA übrigens nur bedingt. Meine Freundin Helga aus Winter Park, Florida, stellt zwar zu den Abholungszeiten ihr Altpapier raus (Einfamilienhaus), aber es gibt in normalen Haushalten m. E. keine separaten Container für Glas oder so etwas wie die gelbe Tonne oder Bioabfall. Meine ehem. Kollegin Vittoria berichtete jedoch von einer Eigentumsanlage in Sarasota, Florida, mit strengerer Mülltrennung als in Deutschland. Generell kann man sagen, dass die USA in Sachen Umweltschutz im Vergleich zu Deutschland weit hinterherhinken, dass dieses Thema aber auch dort immer aktueller wird („Go Green"), es immer häufiger Energiespargeräte zu kaufen gibt und in den Supermärkten Waren aus biologischem („organic") Anbau.

2. _Hotel_

Falls Sie eine Rundreise planen, erst spät landen und nicht am nächsten Tag schon ganz früh los wollen, empfehle ich für die erste Übernachtung in den USA ein Flughafenhotel mit Shuttleservice (zwar ggf. etwas teurer, dafür spart man sich aber evtl. den Mietwagen für einen Tag, abhängig davon, wann man ihn aufgrund des Rückfluges wieder zurückgeben muss) zu buchen. Es empfiehlt sich eine vorherige Preisrecherche und Reservierung vor Ankunft. Je früher man bucht, desto mehr kann man evtl. sparen. Achten Sie jedoch darauf, dass der gebuchte Tarif möglichst bis 24 Std. vor Ankunft noch stornierbar ist und beachten Sie bei Buchung Sonderpreise für ADAC/AAA Mitglieder oder Senioren. Der Hotelpreis wird übrigens nach Zimmer ausgewiesen und nicht nach der Anzahl der Personen. Wir haben uns auch schon zu viert ein Zimmer ohne Aufpreis geteilt. Durch 2 große Queen Betten (1,60x2m = vergleichbar mit dem französischen Bett) in den meisten Hotelzimmern ist das kein Problem. Einige Hotels/Motels nehmen allerdings auch manchmal einen minimalen Aufschlag, falls mehr als 2 Personen das Zimmer nutzen. Durch den Jet Lag werden Sie müde sein und es ist sinnvoller, die Fahrt am nächsten Tag ausgeruht und in Helligkeit fortzusetzen. Außerdem haben die meisten Flughafenhotels kostenlose Shuttlebusse. Viele fahren regelmäßig hintereinander weg andere nur alle 30 Minuten oder auf Nachfrage.

Je nach Flughafen finden Sie in der Nähe des Informationsschalters in der Haupthalle oder auch bei der Kofferausgabe Wände oder Säulen mit allen Flughafenhotels und ggf. Mietwagenfirmen, falls diese nicht direkt am Flughafen ihre Schalter haben.

Ankunftshalle Flughafen Miami (nationale Ankünfte)

Hier sind für jedes Hotel/Mietwagenfirma die direkten Durchwahlnummern angegeben, daneben ist ein Telefon. Sie wählen einfach die angegebene (kostenlose) Nummer Ihres Hotels (vorsichtshalber haben Sie diese sonst auch griffbereit und rufen über Ihr Handy an) und erklären der Hotelrezeption, dass Sie am Flughafen sind und abgeholt werden möchten.

Dann fragen Sie, wo der Shuttlebus hält, gehen dorthin und warten, bis er dann recht schnell bei Ihnen ist, da das Hotel ja nicht weit weg ist. In der Regel steht vorne und/oder an der Seite der Hotelname drauf. Ich weiß noch, bei meiner ersten USA Reise standen meine Freundin Diana und ich in Denver am Flughafen und warteten auf den Hotelbus, der natürlich nicht kam, weil wir ja nicht angerufen hatten. Wir dachten, alle Busse fahren regelmäßig und wussten nicht, dass wir anrufen und einen zum Flughafen hätten bestellen müssen. Eine freundliche Busfahrerin, die uns eine halbe Stunde dort rumsitzen sah, hatte Mitleid, hielt und klärte uns auf.

Am nächsten Tag lassen Sie sich kostenlos wieder zum Flughafen bringen und nehmen ausgeruht den Mietwagen entgegen – aufgrund der Zeitverschiebung werden Sie vermutlich sowieso im Morgengrauen wach werden.

Bitte beachten Sie, dass nicht immer die Mietwagen direkt am Flughafen übernommen werden können und Sie ggf., wie am JFK New York oder in Miami, erst in die Bahn oder in den Shuttlebus zur Mietwagenfirma steigen müssen. Auch im letzteren Fall gehen Sie wieder zur Tafel und rufen diesmal die Mietwagenfirma an, die Ihnen sagt, wo der Shuttlebus halten wird. Bitte planen Sie für die Übernahme des Mietwagens ausreichend Zeit ein – wir haben einmal in New York über eine Stunde gewartet, obwohl nur drei Leute vor uns waren. Die Amerikaner sind nun mal etwas gemütlicher und wenn dann die Dame am Schalter jeden Bogen einzeln zusammentackert und dafür immer bis zum anderen Ende des Schalters und wieder zurückgehen muss und dies 10mal anstatt sich den Tackerer mit nach vorne zu nehmen, dann muss ich mich als Berlinerin doch sehr beherrschen, um nicht an die Decke zu gehen. Aber so sind se nun Mal. Also, immer mit Gemach, Sie haben Urlaub und drängeln gibt's nicht.

Wählen Sie für Ihren Aufenthalt das Hotel/alle Hotels nach Ihren Bedürfnissen aus und achten Sie auf Lage(n) (Hauptverkehrsstraße, Flughafennähe, Laufdistanz zu Geschäften/Restaurants oder ruhig), Ausstattung (kostenlos W-LAN (WiFi), behindertengerecht, Kühlschrank, Mikrowelle, Safe, kostenfreie lokale Anrufe, ein großes Bett (King Size, meist 2mx2m) oder 2 Betten (meist Queen 1,60x2m), Pool, Waschmaschine/Trockner in der Anlage etc.

Falls Sie bei einer Rundreise nicht vorab buchen wollen, finden Sie in der Regel an den Autobahnen immer gute Übernachtungsmöglichkeiten. Ein gutes Preis-Leistungsverhältnis bieten z. B. Motel 6, Days Inn, Super 8 Motel, La Quinta, Holiday Inn oder die Best Western-Gruppe, aber Sie können natürlich auch eine höhere Preisklasse wählen. Eine gute Übersicht in englisch über Hotels inklusive Sternen, Beschreibung und Bewertungen bietet z. B. hotelguides.com. Ansonsten googlen Sie Hotelname, Ort und Bewertung oder auf englisch „Review".

Das Schild „vacancy" zeigt Ihnen an, dass es freie Betten gibt, „no vacancy", dass alles belegt ist. Die Preise am Wochenende sind oft höher als während der Woche.

Sollten Sie die Vorzüge einer Wohnung mit der eines Hotels vereinbaren wollen, gibt es auch Hotelketten, die Zimmer oder kleine Apartments mit Küche anbieten, z. B.

- Extended Stay Hotels (extendedstayhotels.com)
- Homestead Hotels (homesteadhotels.com) oder
- googlen Sie einfach „hotels with kitchenette + Ort".

Sie sparen hier die Endreinigung und haben meist einmal die Woche eine Grundreinigung inklusive (evtl. sogar ein kleines Frühstück). Ein weiterer Vorteil ist, dass Sie flexibel in der Dauer Ihres Aufenthaltes und der An- und Abreise sind, da Sie viele Ferienwohnungen nur wochen- und manchmal sogar nur monatsweise buchen können oder diese einen Mindestaufenthalt haben[3]. Nachteil ist, dass diese Hotels meist an Hauptverkehrsstraßen liegen und keine gepflegte, weitläufige Ferienanlage sind mit weiteren Annehmlichkeiten (wie z. B. Tennis- oder Spielplätzen) außer meist einem Swimmingpool.

Parkplätze sind sowohl bei Motels als auch Hotels oft kostenlos (außer in Ballungszentren – bitte Hotelbeschreibung beachten!). Zimmer sind in der Regel geräumig und haben überwiegend 2 Queen Betten (1,60x2m) oder ein King Bett (2mx2m), Fernseher, Badezimmer, manchmal Kühlschrank und Kaffeemaschine und meistens einen Gemeinschaftspool im Außenbereich. In New York werden Sie allerdings eher kleinere Zimmer und selbst bei Luxushotels eher keinen Pool vorfinden.

---

[3] *In Florida gibt es z. B. Zonen, in denen die Vermietungsdauer für Wohnungen und Häuser gesetzlich geregelt ist und woran Eigentümer dann gebunden sind. Manchmal ist Vermietung auch gar nicht gestattet.*

Frühstück ist selten inklusive. Sollte dies doch der Fall sein, ist es meist ein **Continental Breakfast**, das nicht dem deutschen Standard entspricht. Es besteht dann z. B. aus (neudeutsch) Frühstückscerealien (also Corn Flakes & Co.), Milch, Muffins (kleiner Kuchen) oder einem Danish (eine Art Plunder) und, wenn Sie Glück haben, aus einem Bagel (gummiartiges rundes Brötchen mit Loch in der Mitte, das aber aufgebacken knusprig wird – meist steht hierfür ein kleiner Grillofen mit auf dem Buffet) mit Cream Cheese (Frischkäse) dazu Kaffee, Tee und meist stark zuckerhaltigem Orangensaft. Manchmal können Sie sich selber eine Waffel zubereiten (Waffeleisen mit Antihaftspray einsprühen, Teig in den Messbecher umfüllen, Inhalt in das Waffeleisen, zumachen, Waffeleisenumdrehen, Piepton signalisiert fertig, Waffeleisen zurückdrehen, Waffel entnehmen.

Ist ein **American Breakfast** ausgewiesen, können Sie den Tag mit Rührei, Omelett, Pancakes (Pfannkuchen), knusprigen Speck, Hash Browns (eine Art geriebene Bratkartoffeln), Toast und vielem mehr beginnen. Pancakes, Waffeln und French Toast (ähnlich wie Arme Ritter) werden i. d. R. mit Ahornsirup (wahlweise Fruchtsoße) und Butter serviert. Insbesondere in größeren Hotels mit Restaurant in Großstädten können Sie natürlich auch à la carte frühstücken. Ich persönlich habe jedoch die Erfahrung gemacht, dass ich mehr für mein Geld bekomme, wenn ich in das nächste Restaurant gehe (z. B. Golden Corral, Friendly's, Perkins, Denny), zur nächsten Tankstelle (wenn Sie kein großer Frühstücker sind) oder insbesondere in New York in den nächsten Deli. Diese Deli's gibt es so ziemlich an jeder dritten Ecke und haben (fast) alles, was man für das tägliche Leben benötigt, da es nur einige wenige große Supermärkte, wie z. B. den Whole Foods Market Nähe Columbus Circle, in Manhatten gibt.

Hier können Sie sich für wenig Geld ein Brötchen (Roll) oder (toasted – getoasteten) Bagel mit Wurst, Käse oder frisch zubereitetes Rührei und knusprigen Schinken (Bacon) bestellen und dann gemütlich auf Ihrem Zimmer im Hotel oder im Park frühstücken. Nehmen Sie gleich noch einen Kaffee, Orangensaft und frisches Obst mit und Sie haben ein herrliches Frühstück für ein paar Dollar. Diese Deli's haben meist rund um die Uhr geöffnet und im hinteren Teil gibt es oft Buffets mit einer guten Auswahl an warmen und kalten Speisen. Das Preis-Leistungsverhältnis ist in Ordnung; es wird nach Gewicht bezahlt.

3.   *Flugbuchung*

Sicher werden Sie vor Buchung die Preise der einzelnen Fluggesellschaften vergleichen. Sie können natürlich selber bei der entsprechenden Fluggesellschaft online (Angebote beachten) oder telefonisch (Gebühren beachten) bzw. über ein Reisebüro (Gebühren beachten) buchen oder im Internet einen Preisvergleich starten (googlen Sie Flüge Preisvergleich).

Sollten Sie eine Behinderung haben, z. B. ein gebrochenes Bein, oder anderweitig eingeschränkt sein und nicht lange laufen oder ihr Gepäck tragen können oder wollen, können Sie dies bei der Flugbuchung angeben. Bei Ankunft in den USA werden Sie dann bereits mit einem Rollstuhl oder Elektrowagen am Flugzeug abgeholt, durch den Zoll und bei Weiterflug zum nächsten Flugsteig bzw. bis zum Hotel- oder Mietwagenshuttle/-schalter gebracht.

Sie sollten hier wirklich keine Scheu haben. In den USA ist dies gang und gäbe, so dass manchmal einfach auch nur lauffaule ältere Leute (wie meine leider inzwischen verstorbenen Freunde Ruth und Tasso) diesen Service gerne in Anspruch nehmen. Gerade an großen Flughäfen sind oft sehr lange Strecken, teilweise mit Shuttle/Bahn, in Kauf zu nehmen. Wenn Sie also nicht gut zu Fuß sind, lassen Sie sich einfach ohne Anstrengung transportieren und genießen Sie es.

4. *Einreise*

Sie benötigen für die Einreise in die USA Ihren bordeauxroten Reisepass, der noch mindestens 6 Monate gültig sein muss. **Kinder** benötigen einen **eigenen Reisepass**, der, wenn er nach dem 26.10.06 ausgestellt wurde, biometrisch sein muss! Weitere Informationen erhalten Sie unter: uswaertiges-amt.de/DE/Laenderinformationen/00-SiHi/UsaVereinigteStaatenSicherheit.html oder german.germany.usembassy.gov/faqs/reisen.

Vergessen Sie nicht, spätestens 3 Tage vor Abflug das ESTA-Formular online auszufüllen: esta.cbp.dhs.gov/esta (notieren Sie sich die Bestätigungs-Nr.) und die Bestätigung zu Ihren Reiseunterlagen zu legen. Es ist für 2 Jahre gültig. Für die Bearbeitung wird eine Gebühr von 14 USD (Stand 2/2013) erhoben, die umgehend mit Kreditkarte online bezahlt werden kann.

5. *Elektrische Geräte*

Beachten Sie bitte, dass die USA eine andere Netzspannung haben. Sie benötigen daher entweder Elektrogeräte (Rasierer, Fön, Laptop), die mit 110V und 220V betrieben werden können oder die Sie umschalten können (von 220 auf 110V) sowie zusätzlich einen Flachstecker (Adapter) - bei Amazon Deutschland ca. 3 Euro, in den USA um 20 USD bei Radio Shack) oder, falls Ihre Geräte nicht nutzbar/umschaltbar sind, zusätzlich einen Spannungswandler (Voltage Converter), der dann die Wattzahl umwandelt von 110V hoch auf 220V (kann ggf. auch in D bei Amazon, in den USA, z. B. bei Radio Shack, gekauft oder über amazon.com bestellt werden)[i], fragen Sie nach einem Step Up Voltage Converter Germany/USA, der Preis richtet sich nach der Wattzahl Ihres Gerätes. Hierzu auch interessante Informationen in diesem Forum: amerika-forum.de/threads/31051-110-Volt.

Bitte lassen Sie sich hier von einem **Fachmann oder Hersteller beraten,** insbesondere, ob Sie Ihr Handy auch über den Adapter mit 110 V aufladen können, es dauert halt ggf. nur länger, und die meisten Hotels haben einen Fön, sonst kann man einen billig kaufen (z. B. Walmart, Target, Kmart).

Sie müssen also abwägen, ob sich die Investition in einen Spannungsumwandler wirklich lohnt und genau die Bedienungsanleitungen Ihrer Geräte lesen.

Stecken Sie z. B. Ihren Fön in die Steckdose und nichts passiert, drücken Sie auf den roten Knopf auf der Steckdose oder auf dem Stecker des Geräts, sollte es funktionieren

Sollten Sie planen, Ihr Navigationsgerät mitzunehmen, laden Sie sich eine USA Karte rauf und beachten Sie, dass amerikanische Städte oft ineinander übergehen, z. B. Orlando selber ist nur ein Bereich rund um Downtown Orlando. Wie wir es kennen, dass Disney World in Orlando liegt, stimmt daher so nicht, es liegt in Lake Buena Vista und die meisten Ferienwohnungen in Kissimmee. Alles geht ineinander über, sind aber eigenständige Orte. Das Gleiche gilt auch für Los Angeles. Beverly Hills liegt zwar in LA County, ist aber kein Stadtteil von Los Angeles. Wenn Sie daher Ihre Zieladresse im Navi nicht finden, überlegen Sie, ob sich das Ziel nicht vielleicht schon außerhalb befindet. Sie können natürlich aber auch gleich einen Mietwagen buchen, der ein Navigationsgerät inklusive hat oder eines preisgünstig vor Ort kaufen (z. B. bei Best Buy, Circuit City, Kmart, Target).

6. Mietwagenbuchung

Anmerkung: In der Regel wird in den USA (noch) der deutsche Führerschein bei Übernahme des Mietwagens akzeptiert. **Ausnahme** Stand 8/2013: Georgia und Kentucky! Hier muss zusätzlich zum deutschen Führerschein ein internationaler Führerschein vorgelegt werden. Da sich die Gesetzeslage in den jeweiligen Bundesstaaten jederzeit ändern kann (Florida hatte zunächst bereits seine Absicht erklärt), empfiehlt sich eine vorherige Recherche oder die Beantragung des internationalen Führerscheins (der nur bei Vorlage eines Kartenführerscheins! ausgestellt wird) und dessen regelmäßige Erneuerung alle drei Jahre.

Machen Sie sich zunächst Gedanken über die gewünschte Versicherung (auch bei Vollkasko sind z. B. Reifen und Glas (Steinschlag) nicht unbedingt enthalten und beachten Sie insbesondere die Deckungssumme der Haftpflichtversicherung für Personen- und Sachschäden – lesen Sie das Kleingedruckte! Diese sollte so hoch wie möglich sein (ich buche immer mit einer Deckungssumme von mindestens 1 möglichst 2 Millionen Dollar), die Größe des Wagens und die Ausstattung. Mit Navi oder ohne **(Achtung:** in vielen Bundesstaaten ist es untersagt, das Navi an der Windschutzscheibe zu befestigen! Hier gibt es andere spezielle Befestigungsmöglichkeiten, z. B. http://www.amazon.de/AmazonBasics-DBSB-03-6-Armaturenbrett-Halterung-f%C3%BCrNavigationsger%C3%A4te/dp/B0051FWA7U/ref= sr_1_1?ie=UTF8&qid=1386006292&sr=8-1&keywords=navi+halterung+amaturenbrett), Cruise Control, wieviel Gepäck wird mitgenommen (Kofferraumgröße), soll ein zweiter Fahrer angemeldet werden und wollen Sie den Wagen leer oder vollgetankt zurückgeben? Überlegen Sie auch, ob es für Sie sinnvoller ist – sollten Sie in Flughafennähe übernachten – den Wagen erst früh am nächsten Morgen abzuholen (morgens sind die Schalter meist leerer). Zusatzfahrer müssen in der Regel eine Zusatzgebühr bezahlen (Ausnahme z. B. Buchungen (aber nicht generell alle) über den ADAC).

Pro & Cons:

Wagen voll getankt abgeben?	Wagen mit „leerem" Tank zurückgeben?
Sie tanken den Wagen selber kurz vor dem Flughafen voll und geben ihn dann nur ab.	Ihnen wird eine Tankfüllung nach Abgabe vom Vermieter berechnet, unabhängig davon, wieviel Benzin (*amerik.* Gas) tatsächlich noch im Tank ist.
• Vorteil: Ihnen werden keine weiteren Kosten berechnet (das Tanken durch den Vermieter ist teurer als selber zu tanken)	• Vorteil: Eventuell empfinden Sie dies als stressfeier und Sie sparen Zeit.

• Nachteile:
  o Sie verlieren dadurch Zeit,
  o Sie empfinden es als Stress, nach einer Tankstelle zu suchen. (Tipp: Sie halten nach einer Tankstelle Ausschau, wenn Sie den Flughafen im Mietwagen nach Ankunft verlassen.
  o Falls Sie keine Tankstelle finden (unwahrscheinlich), wird Ihnen schlimmstenfalls eine Tankfüllung in Rechnung gestellt
	• Nachteile:
	  o Sie zahlen mehr, als wenn Sie selber tanken würden.
	  o Sie versuchen, den Wagen so leer wie möglich abzugeben, haben den Verbrauch unterschätzt, müssen auf dem Weg zum Flughafen doch nochmal zwischentanken und landen (wie meine Freundin Claudia) in einer unsicheren Gegend.

Stellen Sie sich auch die Frage, ob Sie planen, gebührenpflichtige Straßen zu fahren? Viele Autobahnen sind gebührenpflichtig (gekennzeichnet mit „toll"). Hierdurch gelangt man meist schneller ans Ziel, weil die Straßen meist weniger befahren sind und die erlaubte Geschwindigkeit oft höher. Bitte halten Sie immer mehrere Dollar Kleingeld in 25 Cent Stücken bereit, folgen Sie der Auszeichnung „pay toll oder cash" und fahren Sie an eines der Häuschen). Oftmals haben Mietwagen auch über einen entsprechenden Sticker (E-Pass, EZ Pass (Nordosten der USA bis North Carolina), FasTrac in Kalifornien oder in Florida z. B. den Sun Pass an der Windschutzscheibe, dann können Sie einfach durch- (Schranke am Häuschen) oder direkt weiterfahren. Sie ordnen sich dann entsprechend unter „Prepaid Toll only", „non-cash", EPass oder z. B. EZ Pass etc. ein. Fragen Sie aber unbedingt bei der Übernahme des Mietwagens nach und buchen Sie ggf. diese Option zu, falls Sie eine Rundreise machen und viele Toll Roads befahren werden. Sie zahlen bei vielen Mietwagenfirmen eine Leihgebühr für den Pass zzgl. der tatsächlich anfallenden Kosten. Recherchieren/erfragen Sie vor Buchung, ob Leihgebühren erhoben werden und die Höhe und vergleichen Sie (Alamo erhebt z. B. US $ 2,95 pro Tag bzw. maximal US $ 14,75 pro Anmietung[ii] zzgl. der Mautgebühren). **ACHTUNG:** Durchfahren sie mehrere Bundesstaaten beachten Sie die unterschiedlichen Mautsysteme. Mit dem EZ Pass kommen Sie z. B. von New York City bis North Carolina, in Florida geht es aber mit dem Sun Pass weiter. Überprüfen Sie daher vorher, welche „toll roads" Sie fahren wollen, welchen Pass sie benötigen oder wie man dort bezahlen kann. In Miami Dade kann man z. B. nicht mehr bar bezahlen.

Haben Sie keinen Sun Pass vor Ort dazu gebucht, können Sie in Südflorida das Toll By Plate Verfahren wählen, das man als Mietwagenfahrer online buchen und mit Kreditkarte vorab bezahlen kann: floridasturnpike.com/all-electronictolling/TOLL-BY-PLATE.cfm (Nachteil man benötigt einen Internetzugang, da man das Nummernschild registrieren muss, man diese Informationen aber ja erst bei Übernahme des Mietwagens erhält) oder man kauft einen SunPass Mini für USD 4,99 bei CVS Pharmacy oder in einem Publix Supermarkt: floridasturnpike.com/sunpassages/archives/09.summer/mini.html oder *sunpass.com/pdf/MiniWebPDF_E.pdf*, was ich persönlich aber eher vermutlich nur dann in Erwägung ziehen würde, wenn ich kurze Mautstrecken strecken fahre und diese erst nach Ankunft im Zielgebiet (z. B. von Orlando nach Cocoa Beach), da man sonst nach Ankunft erst den nächsten Supermarkt finden und den Sun Pass mit mindestens 10 Dollar aufladen müsste. Und wie will man als Ausländer beurteilen, wie hoch letztendlich insgesamt die Mautgebühren werden und somit die Kosten der Aufladung abschätzen? Wenn die aufgeladene Summe nicht ausreicht, gibt es eine Strafe.

Für die Mietwagenbuchung benötigen Sie eine gängige Kreditkarte (Visa oder Mastercard sind hier eine gute Wahl) – diese Karte gilt es dann unbedingt auch mitzuführen - Sie müssen sie vor Ort vorzeigen!. Es empfiehlt sich immer, mehr als eine Kreditkarte (ggf. durch Mitreisende) oder zumindest zusätzlich die Maestro Karte mitzunehmen, falls die Kreditkarte mal nicht funktioniert – in den USA läuft fast alles über Kreditkarten). Warum Sie vorsichtshalber mehr als eine Kreditkarte mitnehmen sollen? Sowohl meiner Freundin Claudia als auch meiner Tante ist es passiert, dass ihre Kreditkarte von ihrer Bank zu Hause vorsichtshalber gesperrt wurde, da diese an einem Tag hintereinander in diversen Geschäften und bei Claudia auch noch über mehrere Tage in verschiedenen Bundesstaaten zum Bezahlen eingesetzt wurden. Die Bank vermutete, dass die Kreditkarte gestohlen wurde und Claudia, die alleine reiste, konnte nur bezahlen, weil sie eine zweite Karte dabei hatte, für meine Tante habe ich ausgelegt.

Haben Sie daher immer die Nummer Ihrer Kreditkartengesellschaft/Bank griffbereit, falls es ein Problem gibt - am besten speichern Sie die Nummer gleich in Ihrem Handy ab (Seiten 11/12 Notfallnummern) - und insbesondere Alleinreisende eine bestimmte Summe an Bargeld (in Dollar) für den Notfall, da die meisten Banken keine Euro in Dollar umtauschen werden, wenn Sie dort kein Konto besitzen. Vom Umtauschkurs her soll es am vorteilhaftesten sein, mit der Kreditkarte (Pin-Nr.!) Geld am Geldautomaten vor Ort abzuheben, statt es vor Reisebeginn umzutauschen.

Das Kreditkartensystem funktioniert übrigens vollkommen anders als bei uns. In den USA gibt es richtige Kreditkarten, d. h. die Kreditkartenfirma gewährt den Kredit und der Karteninhaber erhält am Ende des Monats eine Rechnung und entscheidet dann, ob er die Summe ganz oder in Raten zzgl. Zinsen zahlt, während bei uns der Kreditrahmen von der Bank gegeben wird und die Beträge im Ganzen vom Konto abgebucht. Um in den USA eine Kreditkarte zu erhalten, benötigt man einen „good credit" (gute Kreditwürdigkeit). Die wiederum erhält man nur (zumindest war das als ich in den USA gelebt habe so), wenn man eine Kreditkarte hat und die dort aufgelaufenen Summen regelmäßig in Raten bezahlt (alles auf einmal zu bezahlen wird auch nicht gerne gesehen, da dann dem Kreditgeber ja die Zinsen flöten gehen ☺). Hier beißt sich der Hund also in den Schwanz und ich als Ausländerin bin nie in den Genuss einer amerikanischen Kreditkarte gekommen, da ich keine Kredithistorie in den USA hatte.

Es gibt seit einiger Zeit aber auch die Debitcards. Hier wird der fällige Betrag umgehend vom (amerikanischen) Konto abgebucht, das gedeckt sein muss. Inzwischen kann man sein Konto auch mal überziehen, denn stellte man früher einen Scheck aus, der platzte, war dies eine Straftat, nun gibt es nur eine Überziehungsgebühr von der Bank. Warum ich Ihnen das alles erzähle, da Sie ja schließlich kein Konto in den USA besitzen? Nun, Sie werden beim Bezahlen mit Ihrer Kreditkarte gefragt, ob das eine Credit- oder Debitcard ist. Ich gebe dann immer Kreditkarte an. Hat bisher immer bestens funktioniert.

Ich empfehle Ihnen, die Mietwagenbuchung über Ihr Heimatland vorzunehmen, da somit Versicherungen und Steuern ggf. inklusive sind und der Gerichtsstand Ihr Heimatland ist. Bitte beachten Sie auch ggf. Altersrestriktionen (Mindestalter 25 Jahre sonst Aufschlag) bei der Buchung und ob weitere Restriktionen vorhanden sind, z. B. bezüglich des Verbringen des Wagens nach Kanada oder Mexiko und das Befahren von unbefestigten Straßen. Interessante Informationen finden Sie auch unter: amerikaforum.de/threads/25547-Hinweise-Mietwagen). Mietwagen haben in den meisten Staaten ein „verstecktes GPS" und die Mietwagenfirma kann so die Strecke nachvollziehen, die Sie gefahren sind.

Vergleichen Sie vor der Mietwagenbuchung (online) die Preise. Ich habe bisher gute Erfahrung mit check24.de gemacht. Check 24 vermittelt die Anbieter über Preisvergleich und bietet eine gute Übersicht, was mitversichert ist - denn nicht immer ist in einer Vollkaskoversicherung nach deutschem Standard auch alles enthalten - und die Option anzukreuzen, ob Sie den Mietwagen aufgetankt oder leer zurückgeben möchten, Fahrer unter 25 sind, ein Zusatzfahrer gewünscht wird etc. Bitte lesen Sie sorgfältig die Bedingungen und das Kleingedruckte, insbesondere, ob z. B. Schäden an Reifen und Glas oder ggf. Unterboden und/oder Dach mit abgedeckt sind, da Sie sonst im Falle eines platten Reifens oder Steinschlags in der Scheibe auf den Kosten sitzen bleiben. Wichtig ist auch die Höhe der Haftpflichtversicherung bei Personen- und Sachschäden. Bei vielen Anbietern sind Personenschäden gerade mal mit etwas über 15.000 USD abgedeckt, was viel zu wenig ist. Zahlen Sie lieber etwas mehr und haben dafür eine Abdeckung von mindestens 1 Million besser 2 Millionen USD. Bei Check24 finden Sie die Miet-/Versicherungsinformationen unter „Details öffnen" unter der Abbildung des Autos. Aber natürlich können Sie Ihren Wagen auch direkt beim Anbieter (Herz, Avis, Dollar, Sixt, National), bei einem Reisebüro, dem ADAC (Zusatzfahrer über 25 Jahre inkl.) oder einem Online-Portal (googlen Sie Mietwagenvergleich) buchen. Falls Sie Raucher sind, klären Sie vorher, ob Sie im Mietwagen rauchen dürfen. Avis, Budget, Dollar/Thrifty und Hertz haben eine „non-smoking Policy" (ausschl. Nichtraucherautos, bei Verstoß 250 USD Gebühr). Enterprise und Alamo geben an, auch Nichtraucherautos zu haben und National nur auf Anfrage. Hier haben Sie also vermutlich die beste Chance, ein „Raucherauto" mieten zu können[iii].

Auch wenn es auf den ersten Blick vielleicht günstiger erscheint, den Wagen über das Internet vor Ort zu buchen, ist jedoch zu beachten, dass in den USA in den meisten Bundesstaaten die private KFZ-Versicherung auf Mietwagen übertragbar ist, weshalb die Preise bei Mietwagen vor Ort ohne Versicherung ausgewiesen werden, da viele Amerikaner diese in der Regel bereits haben. Für Ausländer oder Amerikaner ohne eigene Versicherung sind diese Versicherungen dann hinzubuchen, das wird dann teurer, insbesondere bei Vollkasko — ich habe einmal auf Long Island, New York, vor Ort gebucht und für eine Woche so viel gezahlt als wenn ich den

Mietwagen in Deutschland für 2 Wochen gebucht und bereits am John-F-Kennedy Flughafen entgegen genommen hätte (ich war damals bloß zu feige, mich bei dem Autobahnwirrwarr rund um New York auf die Straße zu wagen, später, als ich mich traute, habe ich mich trotzdem auch nach Jahren noch verfahren). Zu beachten ist auch, dass der Gerichtsstand bei Buchungen vor Ort die USA wären und Anwälte teuer.

Entscheiden Sie sich dennoch für diese Alternative, sollten Sie die Versicherungsbedingungen kritisch prüfen und ggf. eine Zusatzversicherung für „Uninsured Drivers" (unversicherte Fahrer) abschließen, falls diese in der Vollkaskoversicherung nicht enthalten ist. Denn selbst, wenn Sie nicht Schuld an dem Unfall sind, bleiben Sie auf den Kosten sitzen, sollte der andere Fahrer nicht versichert sein! Es besteht zwar auch in den USA mehr oder weniger Versicherungspflicht (variiert von Bundesstaat zu Bundesstaat), viele Menschen verdienen aber einfach nicht genug, um eine Versicherung zu bezahlen und fahren dann ohne. Auch hier gilt es, besonderen Augenmerk auf die Höhe der Haftpflichtversicherung zu legen (mind. 1 Mio. USD).

Bitte beachten Sie auch, dass sollten Sie den Mietwagen nicht am gleichen Ort oder im gleichen Bundesstaat zurückgeben, ggf. Einweggebühren hinzukommen, die manchmal sehr hoch sind. Deshalb lohnt es sich nachzuforschen, ob es günstiger ist, unterwegs den Mietwagen an einer Bundesstaatgrenze zu tauschen. Zwischen oder innerhalb mancher Bundesstaaten sind zwar Einweggebühren in der Miete enthalten, z. B. bei Einwegmieten zwischen Florida und Georgia oder wohl von Kalifornien nach Nevada, während Sie aber eine Einwegmiete zahlen, wenn Sie den Wagen in New York am JFK Flughafen entgegennehmen, ihn aber später in Manhatten zurückgeben. Diese Einweggebühren sind nicht zwingend bei der Buchung ausgewiesen und werden nach Rückgabe des Mietwagens automatisch von Ihrer Kreditkarte abgebucht. Diese Website gibt Ihnen eine Übersicht über Einwegmieten: mietwagen-usa.de/htm/mietwagen-usa_einweg.htm.– bitte lassen Sie sich daher vor Buchung unbedingt die Höhe der Einwegmiete bestätigen oder googlen Sie Einwegmiete USA für weitere Informationen.

Interessante Tipps (leider nur auf englisch) finden Sie auch auf dieser Website: independenttraveler.com/travel-tips/car-travel/one-way-car-rentals-and-driveaways.

Haben Sie das Reiseziel oder ggf. eine Reiseroute festgelegt, hilft Ihnen ein Straßenatlas oder der AAA, der Ihnen gerne Stadtpläne oder eine Routenplanung zur Verfügung stellt: .aaa.com/AAA_Travel/AAAMaps/travel_directions.htm. Gute online Pläne bieten z. B.: http://www.mapquest.com/ und http://maps.google.com/

Der AAA ist das USA Pendent des ADAC. Wenn Sie Mitglied beim ADAC sind, können Sie sich eine AAA Mitgliedskarte geben lassen und hier einige Vorzüge genießen: http://www.adac.de/mitgliedschaft/mitgliedervorteilsprogramm/international/default.aspx. Bei Hotel/Motels mit dem AAA Zeichen erhalten Sie einen Rabatt (ggf. bei Buchung angeben).

Bei **Problemen mit dem Mietwagen rufen Sie bitte jedoch umgehend die Mietwagengesellschaft an** und nicht den AAA an! Bei einem Unfall steigen Sie bitte nicht aus dem Wagen, auch nicht, wenn jemand von hinten auffährt. Verriegeln Sie die Türen und rufen die Polizei: **911**! Notieren Sie, wenn möglich, das Kennzeichen des anderen Wagens und warten.

Hier noch ein Tipp: Sind Sie chronisch krank oder besteht die Möglichkeit – aus welchen Gründen auch immer -, dass Sie Ihre Reise eventuell abbrechen müssen, empfiehlt meine Freundin Claudia, entweder den Mietwagen wochenweise zu buchen da Ihnen sonst bei frühzeitiger Abgabe die Kosten für die gesamte Zeit in Rechnung gestellt werden, falls Sie keine Reiseabbruchversicherung abgeschlossen haben. Vorteil, Sie sparen Kosten bzw. sich ggf. die Diskussion mit der Reiseabbruchversicherung, Nachteil, Sie müssen zu einer Vermietungsstation und das kostet Zeit. Claudia hat übrigens den gleichen Wagen dann wieder mitgenommen oder einen „vor Ort Tarif" zu buchen (hier wird dann auch nach dem geltenden Dollarkurs vor Ort bezahlt und man kann den Mietwagen jederzeit zurückgeben, die Abrechnung erfolgt dann nach tatsächlich genutzten Tagen).

7. *Umtausch Zahlungsmittel*

Meine Freundin Claudia ist ganz begeistert von Traveller Cheques, ich bin es weniger, da sie m. E. nicht überall problemlos eingelöst werden. Als AD-AC Mitglied sparen Sie die 1%ige Verkaufsgebühr und ab einem Bestellwert von 750 € bzw. dem Gegenwert außerdem die Liefergebühr von 5 €[iv]. Sollten Sie sich für Traveller Cheques entscheiden, empfehle ich jedoch eher Schecks über kleinere Summen (20 Dollar) <u>adac.de/mitgliedschaft/mitglieder-vorteilsprogramm/international/default.aspx</u>

Wie bereits gesagt, ich würde immer eine bestimmte Summe Bargeld mit mir führen, hier insbesondere auch eine Anzahl an 1 Dollarscheinen für Trinkgelder, und mindestens eine gängige Kreditkarte, als Alleinreisender zwei Kreditkarten und vorsichtshalber die Maestro (EC) Karte und ggf. ausreichend Quarter (25 Centstücke für gebührenpflichtige Straßen). Übrigens heißen in den USA die Geldautomaten „ATM" (Automated Teller Machines).

III. Ankunft im Land der unbegrenzten Möglichkeiten

Sie sitzen nun also im Flugzeug, genießen den Service, füllen die grüne Zollerklärung aus (bei Ehepartnern reicht eine Erklärung, Verwandte mit unterschiedlichen Nachnamen und Freunde sollten besser jeder einzeln eine ausfüllen – aber hier scheiden sich die Geister, je nachdem wer am Zollschalter steht, deshalb lieber eine zu viel als eine zu wenig ausfüllen) und freuen sich auf die Ankunft.

Bitte haben Sie immer die Adresse des Reiseziels, wo Sie den Urlaub verbringen möchten, oder, falls Rundreise, die Adresse des Hotels der ersten Übernachtung griffbereit (**keine** Postfach-Adressen!).

Wichtig: Bitte beachten Sie die amerikanische Schreibweise für das Datum (es ist angegeben, wie es gewünscht wird): MM/DD/YYYY = Monat/Tag/Jahr (überwiegend bei behördlichen Papieren verwendet) oder wie bei uns DD/MM/YYYY = Tag/Monat/Jahr).

Wichtig: Insbesondere bei der Zollerklärung oder Bestellungen jeglicher Art, ist auch die unterschiedliche Schreibweise von Zahlen. Die 1 wird als ein gerader Strich ohne Häckchen „ l „ oben geschrieben. Benutzen Sie versehentlich die deutsche Schreibweise, erkennt ein Amerikaner eine 7 und Sie erhalten schlimmstenfalls Ihre Bestellung 7mal. Die Sieben wiederum schreibt der Amerikaner wie hier „7" ohne den Strich in der Mitte. Eine deutsche Sieben würde nur Verwunderung auslösen, da diese nicht erkannt würde. Ferner sind Punkt und Komma vertauscht, z. B. 1,300.00 statt (deutsch) 1.300,00Dollar!

Bitte planen Sie mindestens 2 Stunden für das Umsteigen ein, sollten Sie weiterfliegen. Gerade an großen Flughäfen, insbesondere dem JFK Flughafen von New York oder in Miami, kann es zu längeren Wartezeiten kommen. Nach Verlassen des Flugzeuges gehen Sie zunächst zur Einwanderungsbehörde.

Bei Ankunft in der Halle reihen Sie sich in der Schlange für „Visitors" ein. Für Sie neu wird auch das System der Warteschlange sein, die es überall in den USA gibt. Einfach dem Labyrinth aus Bändern im Schlängelkurs folgen und nicht abkürzen! Die Amerikaner sind höfliche Menschen, vordrängeln ist dort nicht üblich.

Am Ende des Schlängelkurses wird Ihnen ein Schalter der Einwanderungsbehörde zugewiesen, hier stehen Sie nochmal an. Spricht nur einer von den Reisenden englisch, können Sie ggf. auch zu zweit (nachfragen) oder mit Kindern als Familie an den Schalter der Einwanderungsbehörde gehen.

Mietwagenschalter in Orlando

Bitte bleiben Sie unbedingt zunächst **an der Linie stehen** und gehen erst nach Aufforderung durch den Schalterbeamten an den Schalter. Bitte halten Sie Reisepass, das ausgedruckte ESTA Formular und die Zollerklärung bereit. Sie werden gefragt, ob die Reise privat (Urlaub = vacation) oder geschäftlich (business) ist, wie lange Sie bleiben und legen Ihre Finger nacheinander auf einen Scanner.

Bleiben Sie immer ruhig und höflich. Die Einreisebeamten haben die Befugnis, Ihnen auch ohne Angabe von Gründen die Einreise zu untersagen. Sollte es zu Verständigungsschwierigkeiten kommen, wird notfalls jemand zwecks Übersetzung dazu gebeten. In den USA gehört es übrigens zum guten Umgangston, bei einer Frage, diese mit ja bzw. nein (yes/no) und dem Zusatz Sir (männliches) oder Ma'm (weibliches Gegenüber) zu beantworten, also z. B. yes, Sir, auch wenn Ihnen das merkwürdig und ungewohnt unterwürfig vorkommt.

Wenn Sie die Einreiseformalitäten erledigt haben, finden Sie Monitore gleich gegenüber vom Schalter. Diese sagen Ihnen auf welchem Laufband Ihr Koffer ankommt (Flugnummer und Abflugort, dahinter die Nummer des Laufbandes). Folgen Sie nun den Schildern zum „Baggage Claim". Auch wenn Sie weiterfliegen, nehmen Sie Ihren Koffer vom Laufband und checken ihn gleich nach dem Zoll (hier übergeben Sie Ihre Zollerklärung) wieder ein, indem sie ihn ohne große Wartezeit einfach dem Personal übergeben/hinstellen. Neuerdings scheint es üblich zu sein, dass das Gepäck dort noch einmal durchleuchtet wird, wenn auf dem Zollformular „Food", wenn auch beschränkt auf Brot, Käse, Kaffee und Schokolade, angegeben ist. Aber keine Angst, das geht schnell, Sie geben ihren Koffer dann gleich wieder ab. Bitte führen Sie niemals Fleisch- oder landwirtschaftliche Produkte ein (Zollbestimmungen nyc-guide.de/allgemein/zoll.html.

Fliegen Sie weiter, muss man an manchen Flughäfen leider dann für den inneramerikanischen Flug in ein anderes Terminal wechseln (manchmal durch Zug zu erreichen) und sich hier wieder anstellen, um das Handgebäck nochmals durchleuchten zu lassen (z. B. in Newark bei New York).

Haben Sie nur eine kurze Zeit zum umsteigen und waren dann vielleicht auch noch verspätet, bitten Sie einen Angestellten vor der Schlange nett um Hilfe. Wie in unserem Fall (nach Verspätung noch 30 Minuten bis zum Abflug und eine lange Schlange vor uns) wird man Sie dann an der Schlange vorbeiwinken, damit Sie Ihren Anschlussflug noch pünktlich erreichen. Dieses Privileg haben Sie natürlich nicht, wenn sie einfach nur ausschlafen wollten und daher zu spät am Flughafen waren.

Haben Sie Ihr Reiseziel jedoch erreicht, folgen Sie den Schildern zur Autovermietung (Car Rental), Ausgang (Exit) oder Bussen/Bahnen/Taxis (Public Transportation). Falls Ihr Hotel keinen Shuttleservice anbietet, gibt es an einigen Flughäfen Sammeltaxis oder „shared rides". Hier teilen sich Reisende, die in die gleiche Richtung möchten (z. B. nach New York City / Manhatten – unterteilt Ost oder Westseite) kostengünstig ein Taxi oder Minibus. Die Zuweisung erfolgt vor Ort. Bitte erkundigen Sie sich entweder vorher im Internet oder bei Ankunft an der Information, ob es so etwas gibt und schauen Sie in Ihren Unterlagen nach, wo genau Ihr Hotel ist – hier ist neben dem Ort die Himmelsrichtung ausschlaggebend.

Wenn Sie, z. B. am Flughafen, zum ersten Mal eine amerikanische Toilette (Lavatory/Restroom/Men's oder Ladies oder powder room! nie Toilette) benutzen, bekommen Sie keinen Schreck. Das Wasser steht dort viel höher, die Toilette ist nicht verstopft, Sie können sie benutzen! Viele Wasserhähne funktionieren durch Infrarot, d. h. Sie wedeln dann bitte Ihre Hand vor dem Hahn und das Wasser fließt.

1. Entgegennahme des Mietwagens

Sie haben Ihr Ziel erreicht, den Schalter der Mietwagenfirma gefunden und überreichen Ihre Kreditkarte, den (deutschen) Führerschein amerikaforum.de/threads/97776-Welchen-Fuehrerschein-benoetigt-man-in-den-USA und Reisepass (beides ist immer mitzuführen). Im Gegensatz zu mir vermeiden Sie es bitte, ungewollt eine Zusatzversicherung zu buchen (Vorgang Flughafen Orlando 2011: Ich bin gefragt worden, ob ich den Sun Pass für kostenpflichtige Straßen (genannt: toll roads, turn pikes, toll highway oder express toll route) für soundsoviel Dollar/Tag dazu buchen möchte, was ich verneinte, da sich das nur lohnt, wenn man diese (gebührenpflichtigen) „toll roads" oft befährt. Der Angestellte der Mietwagenfirma sagte dann „then just let me activate your collision control and you are all set to go, o.k.? ", was soviel heißt wie: dann lassen Sie mich nur noch die Kollisionskontrolle aktivieren und Sie sind fertig und können los, in Ordnung? Ich sagte o.k., woher soll ich denn wissen, was die im Computer aktiveren müssen und schließlich hatte ich Vollkasko in Deutschland gebucht und dennoch: schon hatte ich eine Zusatzversicherung für 70 Dollar gekauft.
Ich bin weder gefragt worden, ob ich diese Versicherung möchte, noch was sie pro Tag kostet oder wofür sie ist. Sollen Sie also noch irgendwas vor Ort bezahlen sollen, unterschreiben Sie nichts und lassen sich genau erklären, wofür diese Kosten entstanden sind und entscheiden dann, ob Sie diesen Zusatzservice kaufen wollen oder nicht. Nur wenn Sie sich für die Option entschieden haben, den Wagen mit leerem Tank wieder abzugeben, wird später nach Abgabe eine Tankfüllung Ihrer Kreditkarte belastet.

Ich habe dann übrigens mein Geld bei Abgabe von dem „Supervisor" (Abteilungsleiter) nach Beschwerde erstattet bekommen.

Am Mietwagenschalter müssen Sie vor Übernahme des Wagens noch einmal einzelne Positionen der Buchung bestätigen. Früher setzte man neben die einzelnen Positionen (z. B. die einzelnen Versicherungen etc.) die Initialen (ja, das ist den USA normal und auch legal und heißt „to initial") jetzt geht das Ganze teilweise schon moderner über einen kleinen Bildschirm, auf dem man mit einem Spezialstift unterschreiben bzw. seine Initialen hinterlassen muss.

Bitte beachten Sie, dass platte Reifen, im Auto eingeschlossene Schlüssel, Schäden an Scheiben durch Steinschlag etc. auch durch eine Vollkaskoversicherung nicht unbedingt abgedeckt sind – hier gilt es, das Kleingedruckte des Vertrages gründlich zu lesen und ggf. ein Angebot zu buchen, in dem alles enthalten ist oder ggf. vor Ort eine entsprechende Versicherung (z. B. RoadSafe) abzuschließen.

Endlich haben Sie nun Ihre Wagenpapiere entgegen genommen und auch den Mietwagen gefunden (hier ist nicht unbedingt ein Angestellter der Mietwagenfirma im Parkhaus vor Ort und immer öfter können Sie sich unter den dort stehenden Wagen einen in Ihrer Kategorie einfach aussuchen (ganz Frau gehe ich hier nach Farbe ☺ - maroon ist übrigens ein dunkles rot), Schlüssel steckt oder liegt auf der Ablage, falls sie ihn nicht am Schalter erhalten haben) und haben ggf. vorhandene Kratzer/Beulen oder andere Schäden notiert (hier liegt i. d. R. eine entsprechende Skizze zwecks Markierung im Wagen). Jetzt wird es ggf. kompliziert. Ich jedenfalls musste, obwohl ich seit 30 Jahren Auto fahre, regelmäßig nachfragen, wie ich denn den Wagen starte oder wo ich schalte. In den USA gibt es überwiegend Automatikwagen. Da kann dann die Schaltung auch schon mal am Lenkrad sein oder die Handbremse ist mit dem Fuß links unten neben dem Pedal der Fußbremse anzuziehen und zu lösen.

Ganz modern sind Hybridautos. Da steckt man statt eines Schlüssels eine Art großen USB Stick rein und drückt auf einen Knopf. Der Wagen ist dann an, man hört aber keinen Motor laufen. Man sieht, dass der Wagen läuft, nur vorne bei der Anzeige, da dort ein Lämpchen leuchtet.

Der Tankdeckel lässt sich manchmal nicht per Hand öffnen und manchmal ebenso wenig der Kofferraumdeckel (es sei denn man hat eine Fernbedienung). Ansonsten öffnet man beides ggf. durch die dafür vorgesehenen Hebel, die dann irgendwo im Innenraum, meist neben der Lenkradsäule oder unten neben dem Fahrersitz versteckt sind. Auch die Fensterwischer lassen sich manchmal nur durch Drehen eines „Rades" am Lenkrad bedienen. Nehmen Sie sich deshalb also unbedingt die Zeit, sich mit dem Wagen vertraut zu machen. Wenn es erstmal in Strömen gießt, ist es ungünstig, erst dann hektisch nach dem Knopf für die Scheibenwischer zu suchen.

Sie steigen nun ein, stellen Ihre Spiegel ein, finden alle Knöpfe fürs Anschalten des Lichts und der Scheibenwischer, haben sich vorher informiert, wie Sie fahren müssen und fahren los. Sie folgen der Ausschilderung Exit und kommen zu einer Schranke. Hier müssen Sie noch einmal alle Autopapiere zur Ausfahrt vorzeigen, halten Sie diese bitte griffbereit und legen diese anschließend ins Handschuhfach. **Wichtig**: Sowohl hier als auch bei Abgabe des Fahrzeugs und sogar auf manchen privaten Parkplätzen gibt es in den Boden eingelassene Zacken, die furchterregend aussehen. Wenn Sie zurücksetzen, werden die Reifen zerfetzt. Ja, ich weiß, unglaublich aber wahr. Bitte passieren Sie hier langsam in die erlaubte Richtung - ich wünsche Ihnen eine gute Fahrt.

2. Mit dem Mietwagen unterwegs

Das Wichtigste ist zunächst (ja, lächeln ☺ Sie nur): prägen Sie sich neben Marke und Farbe ihres Mietwagens auch das Kennzeichen ein. Auch wenn dieses ggf. auf dem Schild, das am Schlüssel hängt, angegeben ist. Diese Schilder gehen leicht mal ab und Sie möchten ja Ihren Wagen auf den teilweise riesigen Parkplätzen wiederfinden. Viele Malls (Einkaufszentren) sind z. B. wie Achtecke gebaut. Man parkt davor, geht dann entweder durch einen Seiteneingang, meist aber durch einen Laden durch und gelangt so in das Innere der Mall und weiter in die einzelnen Gänge mit den Läden. Entsprechend ist es empfehlenswert, sich nicht nur das Geschäft zu merken, vor dem man parkt, sondern insbesondere auch welche Waren im Geschäft an diesem Eingang angeboten werden. Da es manchmal mehrere Ein- und Ausgänge gibt, können Sie sich hieran gut orientieren und so Ihren Wagen wiederfinden.

Planen Sie eine Rundreise und möchten Sie Snacks für Unterwegs mit sich führen oder mögen Getränke kalt? Dann kaufen Sie sich in einem Supermarkt (meist vorne bei den Kassen) oder z. B. bei Walmart, Target oder K-Mart eine Kühlbox (z. B. preisgünstig aus Styropor) oder bringen sich eine Kühltasche mit, wobei bei sehr heißen Temperaturen eine Hartplastikkühlbox besser kühlt. Wenn Sie Glück haben, haben Sie in Ihrem Hotelzimmer einen Kühlschrank mit Gefrierfach und könnten z. B. eine Flasche Wasser einfrieren, die Sie dann zum kühlen des Inneren der Kühlbox am nächsten Tag verwenden. Finden Sie keine entsprechende Kühlmöglichkeit vor, könnten Sie sich mit einem fest verschließbaren Gefäß (Flasche oder z. B. Tupperbehälter) aushelfen, das Sie vor Abfahrt mit Eis befüllen. Eis gibt es in Hotels / Motels kostenlos in entsprechenden Truhen (z. B. im Gang oder separaten Räumen, bei Getränke- und Snackautomaten). Davon, Eis direkt in die Kühlbox zu füllen, rate ich ab, da dieses irgendwann geschmolzen ist und der Inhalt der Box (z. B. auch Snacks) dann im Eiswasser schwimmt, was nicht sehr appetitlich ist. Sind Sie krank und müssen Medikamente mit sich führen, die konstant eine bestimmte Kühlung bedürfen, empfiehlt es sich, einen kleinen Kühlschrank fürs Auto zu kaufen, der über den Zigarettenanzünder betrieben wird und ggf. auch einen Netzanschluss (ggf. Spannungswandler nötig, falls nicht in den USA gekauft) hat. Hier wäre es von

Vorteil einen Mietwagen zu reservieren, bei dem der Zigarettenanzünder auch im Ruhezustand des Autos unabhängig funktioniert. In vielen Hotels/Motels sind Kühlschränke, sollten sie denn im Zimmer sein, ausgeschaltet und es dauert eine Weile, bis sie die richtige Temperatur haben. Allerdings können Sie natürlich den Kühlschrank im Auto nicht unbegrenzt am Zigarettenanzünder angeschlossen lassen, da sich sonst die Batterie des Wagens entleert. Kühlschränke / elektrische Kühlboxen fürs Auto finden Sie z. B. bei Amazon.de oder Amazon.com (USA) unter „cooler for car".

In den USA sind Sie in Meilen und nicht in km unterwegs. Eine Meile sind ca. 1,6 km. Auf dem Tacho steht meistens (zumindest bei Europäischen und Asiatischen Marken) die Geschwindigkeit in Meilen/Stunde und meistens daneben auch in kleineren Zahlen km/Stunde. In den USA sind übrigens viele Autos so eingestellt, dass auch tagsüber die Scheinwerfer automatisch mit dem Starten des Wagens angehen und Sie den Lichtschalter die ganze Zeit auf „Auto" stehen lassen können.

Wenn Sie eine Weile gefahren sind, müssen Sie natürlich auch mal tanken: In den USA ist es üblich, erst zu bezahlen und dann zu tanken. Sie haben entsprechend 3 Optionen: Sie zahlen bei „self service" (nicht in Oregon) an der Zapfsäule mit Kreditkarte. Hier ziehen Sie die Karte durch, geben an, welches Benzin und den Betrag (hierfür benötigen Sie ggf. Ihre PIN, neuerdings in manchen Bundesstaaten eine lokale Postleitzahl (ZIP code) und manchmal wird sogar vorübergehend Ihre Kreditkarte mit einer Art Kaution von bis zu 200 USD belastet oder Sie gehen an die Kasse, sagen die Nummer der Tanksäule, sagen „full" und reichen z. B. einen 50 Dollarschein oder Ihre Kreditkarte rüber (diese wird zunächst mit der Summe 50 USD virtuell belastet – d. h. Sie erhalten eine Quittung über 50 USD, die Summe wird aber „noch" nicht abgebucht). Nach dem Tanken gehen Sie zurück und lassen sich das restliche Geld auszahlen bzw. die neue Quittung über den tatsächlich der Kreditkarte belasteten Betrag geben oder Sie tanken nur für den Betrag, den Sie vorher bezahlt haben (die Benzinzufuhr wird automatisch beendet, wenn der Betrag erreicht ist), dann können Sie nach Beendigung des Tankvorgangs ohne Zeitverzögerung weiterfahren. Einige Tankstellen geben kleine Rabatte für Barzahler.[v] Das Gleiche gilt dann auch beim Bezahlen mit Kreditkarte.

Bei Tankstellen mit „full service" erklären Sie dem netten Angestellten, der Ihren Wagen betrankt, „full please" (voll tanken) oder reichen ihm die Summe rüber, für die Sie tanken möchten, er tankt Ihren Wagen auf.

In jedem Bundesstaat finden Sie an den Autobahnen sogenannte Welcome Center. Hier können Sie Informationen über die Region und die Sehenswürdigkeiten erhalten und die Toilette benutzen.

Sollten Sie mit dem Mietwagen einen Unfall haben, haben Sie evtl. ein Problem. Meine Freundin Claudia hatte einen Unfall in New Orleans. Sie teilte dies ihrer Mietwagenfirma mit und erwartete eigentlich, dass das Bußgeld von dieser über ihre Kreditkarte abgebucht und bezahlt werden würde. Nachdem aber ihre Kreditkarte nicht belastet worden war, eine Kommunikation mit der Mietwagenfirma trotz mehrmaliger Versuche scheiterte und die Nummer auf dem Bußgeldbescheid auf der entsprechenden Internetseite des Traffic Court of New Orleans keine Resultate brachte, rief ich dort an und erfuhr, dass das Ticket nicht bezahlt worden war, Claudias Führerschein inzwischen gesperrt und eine Zahlung online übers Internet aufgrund der Art des Vorfalls (Unfall) grundsätzlich nicht möglich sei.

Nun, wie bekommt man als Deutscher eine Zahlung in die USA zu einer Stelle, die nur Bankchecks oder Money Orders akzeptiert? [4]

Claudia fliegt regelmäßig in die USA. Sie hat außer dem Knöllchen, das ihr der Polizist an der Unfallstelle übergab und auf dem die Mietwagenfirma als Halter benannt wurde, nie etwas aus den USA erhalten, wurde weder über die Höhe des Bußgeldes informiert, noch darüber, dass ihr Führerschein gesperrt wurde und sie bei erneuter Einreise Konsequenzen zu be-

---

[4] *Anm.: Banküberweisungen und Einzugsermächtigungen sind in den USA teilweise nur bedingt möglich; viele Unternehmen bieten diese Option einfach nicht an. Der Zahlungsverkehr erfolgt daher oft noch per Scheck oder Money Order auf dem Postweg - einige Banken sind jetzt ganz „fortschrittlich": man kann einen US Scheck per Hand ausfüllen, diesen mit dem Handy fotografieren und dann per Handy an seine Bank mailen – dies möchte ich lieber unkommentiert lassen!*

fürchten hätte. Was also tun? Falls noch Zeit ist, gehen Sie zum Gericht und versuchen Sie, das Knöllchen persönlich zu bezahlen. Falls Kreditkarten oder Barzahlung nicht akzeptiert werden, besorgen Sie sich eine Money Order oder einen Bankscheck. Hier müssen Sie in eine Bank, eine Post oder in entsprechende Läden (z. B. Walmart, CVS, ggf. Supermärkte) gehen und dort zahlen Sie die Summe und bekommen eine Art im Voraus bezahlten Scheck, den Sie dann einreichen (keine „normalen" Schecks von Privatpersonen verwenden! Auch wenn der Scheck gedeckt ist, gibt es hierfür eine Strafgebühr und der Scheck wird zurück geschickt). Falls die Bearbeitungsdauer länger ist und Sie nicht gleich bezahlen können, versuchen Sie zumindest Ihre Adressinformationen zu hinterlassen und herauszufinden, wie hoch die Summe sein wird, um sich eine Money Order zu besorgen. Falls Sie keine Zeit mehr haben, lassen Sie den Polizisten zumindest Ihre Adresse in Deutschland auf das Ticket schreiben, damit Sie (hoffentlich) über das Bußgeld informiert werden und evtl. entsprechende Schritte einleiten können, z. B. über amerikanische Freunde oder (falls akzeptiert) Traveller Cheques bezahlen oder über Western Union das Geld anweisen.

3. _Sicherheitshinweise_

Bei einem Unfall nicht aussteigen, die Türen verriegeln, Ihren gegenwärtigen Aufenthaltsort feststellen, Polizei rufen (911), Nummernschild des beteiligten Wagens notieren, warten.

Nicht mit leerem Tank in eine Großstadt fahren. Sie kennen sich nicht aus und wollen unter keinen Umständen in einer gefährlichen Gegend ohne Benzin liegen bleiben.

Tanken Sie auf längeren Fahrten in weniger dicht besiedelten Gebieten immer wenn der Tank nur noch halb voll ist, da Tankstellen oft sehr weit auseinander liegen. Da können gut und gerne schon mal 1 – 2 Std. Fahrt zwischen zwei Tankstellen liegen.

Wenn Sie sich verfahren haben, halten Sie an Tankstellen, Restaurants oder Einkaufszentren und fragen nach dem Weg, man wird Ihnen gerne weiterhelfen.

Falls Ihnen die Gegend jedoch unsicher vorkommt, fahren Sie so lange in eine Richtung wie es geht und/oder bis Sie zu einem Wegweiser kommen. Vermeiden Sie es unbedingt, langsam immer wieder um den gleichen Block zu kurven, so ziehen Sie Aufmerksamkeit auf sich. Halten Sie nicht an, um nach dem Weg zu fragen (Ausnahmen z. B: Tankstellen, Polizeistationen, Polizeiwagen, Turnpike Personal).

Bitte beachten Sie die Schilder, die Sie verpflichten, das Licht anzuschalten (z. B. in einem Tunnel). Zudem gibt es in einigen Bundesstaaten Gesetze, dass bei Regen mit Licht gefahren werden muss: http://www.ehow.com/facts_7774577_laws-using-headlights-rain.html

Bei einer Panne auf einer Autobahn oder Landstraße fahren Sie nach rechts und parken Sie den Wagen auf dem Seitenstreifen, schalten Sie die Warnblinkanlage an und platzieren Sie das Warndreieck. Im Dunkeln können Sie zusätzlich noch die Innenbeleuchtung des Wagens anschalten, in kaum besiedelten Gebieten auch ggf. die Motorhaube öffnen. Insbesondere in dünn besiedelten Gebieten, wie z. B. der Wüste Nevadas, Kaliforniens oder Arizonas, wo dann ggf. kein Handyempfang ist, ist dies besonders wichtig. Hier überfliegen Flugzeuge in regelmäßigen Abständen das Gebiet und man wird Ihnen aufgrund der offenen Motorhaube Hilfe schicken. Rufen Sie, wenn Sie ein Netz haben, die Mietwagenfirma an, benutzen Sie eins der Autobahntelefone oder bitten ggf. einen anderen Autofahrer für Sie die Polizei anzurufen. Gegebenenfalls heißt es einfach warten. Autobahnen werden regelmäßig patrouilliert und Hilfe wird kommen.

Das Schild „Rest Area" weist Ihnen den Weg zu meist recht schön gestalteten Parkplätzen, wo sie die Toilette benutzen können. Hier werden Sie statt eines stinkenden, transportablen Plastiktoilettenhäuschens ein Gebäude aus Stein vorfinden, das in der Regel regelmäßig gesäubert wird.

Sollten Sie von Polizei, Marshall, Park Ranger oder State Trooper angehalten werden (der Polizeiwagen wird hinter Ihnen fahren und Sie kurz durch die Sirene anpiepen), fahren Sie an die Seite, ggf. Seitenstreifen, halten Sie an, bleiben Sie im Wagen und legen Sie Ihre Hände auf das Lenkrad. Bei Dunkelheit ggf. die Innenbeleuchtung einschalten und Warnblinkanlage.

Öffnen Sie erst nach Aufforderung das Fenster und übergeben Sie Ihren Reisepass, Führerschein und die Wagenpapiere inkl. Versicherung. Die Wagenpapiere sind übrigens immer im Handschuhfach mitzuführen. Bitte steigen Sie nicht aus und wühlen nicht hektisch in Ihren Taschen herum oder bücken sich - das gilt auch für Ihre Beifahrer - (hierdurch entsteht der Eindruck, dass sie etwas Illegales verstecken)! Fordert der Polizeibeamte Sie auf auszusteigen und sich z. B. auf die Borsteinkante zu setzen oder sich nach vorne gebeugt gegen den Wagen zu lehnen, tun sie das bitte; Nichtnachkommen der Aufforderung, selbst das Diskutieren „warum" wird als Widerstand gegen die Staatsgewalt verstanden und im schlimmsten Fall wird umgehend mit einem „TASER" Elektroschockgerät auf Sie geschossen. Traurig aber wahr. Amerikanische Polizisten sind nicht zimperlich. Aber ich will Ihnen keine Angst machen, wenn man ruhig und höflich bleibt, gibt es sicher keine Probleme, insbesondere, wenn der Polizist merkt, dass Sie Touristen sind.

Sollten Sie einen Abstecher ins Amish Country machen und plötzlich Pferdefuhrwerke auf der Straße vorfinden, halten Sie bitte ausreichend Abstand und hupen Sie nicht!

Es ist nicht üblich, die Lichthupe zu betätigen und könnte von einigen Fahrern als aggressives Verhalten eingestuft werden, was wiederum für Sie gefährlich werden könnte. Ausnahme wären z. B.: Wenn entgegenkommende Fahrzeuge das Fernlicht anhaben und Sie den Fahrer zum dimmen auffordern möchten oder einen anderen Fahrer vor einer Gefahr oder einem Mangel am PKW warnen möchten: https://en.wikipedia.org/wiki/Headlight_flashing.

Für den Fahrer besteht in den USA Anschnallpflicht, in vielen Staaten gilt diese auch für den Beifahrer und Kinder müssen bis zu einem bestimmten Alter einen Kindersitz haben: http://en.wikipedia.org/wiki/Seat_belt_legislation_in_the_United_States und http://www.iihs.org/laws/safetybeltuse.aspx
Babies und Kleinkinder und in manchen Staaten Kinder unter 12 Jahren gehören nicht auf den Vordersitz.

Hunde müssen gesichert (angeschnallt, Box) transportiert werden.

In einigen Staaten (Arkansas, Kalifornien, Louisiana, Maine und Oregon) ist das Rauchen im Auto verboten, wenn Kinder anwesend sind: http://ash.org/carsmoking.

4. *Verkehrsschilder, Straßenverkehr, Orientierung*

Die Verkehrsregeln werden vom jeweiligen Bundesstaat festgelegt und gelten daher nicht einheitlich für die gesamte USA. Bitte machen Sie sich vorher mit den Verkehrsschildern vertraut. In den USA gibt es z. B. kein rechts vor links und die Vorfahrtstraße wird **nicht** durch ein entsprechendes gelbes Schild gekennzeichnet. In der Regel gilt, Hauptverkehrsstraßen oder Straßen ohne Schilder haben Vorfahrt, die Seitenstraßen, die einmünden, haben ein Stop oder Yield (Vorfahrt achten) Schild.

An kleinen Kreuzungen gibt es oft ein „4-Way-" bzw. „All Way" Stop Schild. Hier darf der, der zuerst gehalten hat, egal aus welcher Richtung er kommt, zuerst losfahren. Sollten zwei Fahrzeuge zur gleichen Zeit ankommen, hat rechts Vorfahrt bzw. der Geradeausfahrer vor dem Abbieger. Im Zweifelsfall können Sie sich freundlich per Handzeichen absprechen.

Was in Deutschland zum Chaos und Unfällen führen würde, weil jeder auf sein Recht pocht, ist bei den höflichen Amerikanern gar kein Problem. Abgebogen wird vor einander, vorher müssen Sie komplett zum Stehen gekommen sein!

Verkehrsschilder auf Highways sind durch unterschiedliche Farben gekennzeichnet:

- Schilder mit einem grünen Hintergrund und weißer Schrift sind weit verbreitet und geben Hinweise auf Orte, Entfernungen, Ausfahrten.
- Schilder mit einem blauen Hintergrund und weißer Schrift sind sogenannte „Hospitality Signs", die auf Parkplätze, Restaurants, Hotels, Krankenhäuser oder Tankstellen hinweisen. Insbesondere in weniger dicht besiedelten Gebieten auf langen Fahrten sollten Sie hier ein Auge auf die Entfernung zur nächsten Tankstelle haben.

- Schilder mit einem braunen Hintergrund und weißer Schrift sind sogenannte „Heritage Signs", die einen Hinweis auf historische Plätze, Ausflugs- und Erholungsziele, Campingplätze oder Naturschauplätze wie Nationalparks oder Naturschutzgebiete geben.

- Diese insbesondere für Touristen wichtigen Schilder finden sich in der Regel in einem Radios von ca. 20 Meilen vor einem Zielort und enthalten oft aber nicht immer die Information, welche Ausfahrt (Exit) man nehmen soll.

- Rote oder orange Schilder weisen auf Gefahren, Vorsicht oder Stopp hin. Ein blinkendes Licht ist gleichzusetzen mit einem Stopp-Schild und der Wagen muss komplett zum stehen kommen.

- Gelbe Schilder = Vorsicht. Ein gelbes blinkendes Licht heißt „fahren Sie vorsichtig weiter" aber nicht, dass Sie anhalten müssen. Diese Schilder finden sich überwiegend in Gegenden mit einem hohen Aufkommen an Wild oder wo es ein hohes Aufkommen von Kindern gibt (z. B. Schulen).

- Bitte beachten Sie, dass „Wild" nicht unbedingt nur in ländlichen Gebieten oder Nationalparks zu finden sind. In der Nähe von Boston z. B. verursachen Elche immer wieder Schäden und in anderen Gebieten Bären, Pumas oder Hirsche. Gerade im Frühling und Herbst, bei Nebel oder bei Sonnenuntergang sollten Sie besonders vorsichtig fahren. Hirsche in der Brunftzeit, die einen Rivalen jagen, können unvermittelt auftauchen und so einen (tödlichen) Unfall verursachen.

- Weiße Schilder mit schwarzen Nummern heißen „Regulatory Signs" und müssen beachtet werden.

Eine durchgezogene gelbe Linie bedeutet Überhol- und Abbiegeverbot. Wenn Sie abbiegen dürfen, ist die gelbe Linie in diesem Bereich gestrichelt. Ein Überholverbot wird ansonsten auch durch ein Schild mit der Aufschrift „Do not pass" angezeigt.

Wie schnell Sie fahren dürfen, ist in regelmäßigen Abständen durch Schilder ausgewiesen, ganze Zonen über bestimmte Gebiete, wie bei uns die Tempo 30 Zone, gibt es m. E. nicht. Auch in den USA gibt es übrigens „Blitzer" und an Ampeln installierte Kameras für „Rotsünder".

Rechts abbiegen an roten Ampeln ist generell erlaubt (kein grüner Pfeil), es sei denn ein Schild (siehe Bild) verbietet es. **Ausnahme: New York City!**

Fahren Sie bis zur roten Ampel, halten Sie und fahren anschließend langsam weiter. Bitte beachten Sie die Vorfahrt und fädeln sich vorsichtig ein.

Fußgänger haben in den USA absoluten Vorrang! Sie sind das schwächere Glied. Bitte beachten Sie dies und pochen nicht – wie in Deutschland - auf ihr Recht, Sie werden den Kürzeren ziehen.

Besonderes Augenmerk legen Sie bitte auf die meist gelben Schulbusse (School Bus). Steht ein Schulbus an einer (nicht immer beschilderten) Haltestelle und hat den Warnblinker an, ein rotes Stop-Schild seitlich am Bus ausgefahren und/oder blinkende Lichter an, darf nicht überholt werden. Dies gilt auch, wenn Sie z. B. auf einer Landstraße auf der **Gegenfahrbahn** fahren, da hier Kinder die Straße auch überqueren! (Ausnahme: Bei breiten <u>mehrspurigen</u> Hauptverkehrsstraßen in Städten - hier ist das Gesetz jedoch von Bundesstaat zu Bundesstaat unterschiedlich! Richten Sie sich am Besten nach den anderen Verkehrsteilnehmern.) Sie fahren bitte erst weiter, wenn der Busfahrer die Warnblinkanlage ausgeschaltet hat. Geschwindigkeitsbeschränkungen an Schulen gelten in der Regel, wenn ein Licht blinkt, Schüler oder Schülerlotsen auf der Straße sind oder zu bestimmten Zeiten. Bitte fahren Sie vorsichtig[vi].

Einbahnstraßen sind mit einem „One Way" plus Pfeil Schild versehen, ob Sie parken dürfen oder nicht, erfahren Sie durch Schilder „no parking any time" (Parkverbot), „2 hour parking" (auf 2 Stunden befristet), no parking 6AM – 6PM (kein parken zwischen 6 Uhr und 18 Uhr), no stopping and standing (absolutes Halte-/Parkverbot) oder farbig markierte Bordsteinkanten:

rot =   absolutes Parkverbot
gelb =   kurzes Halten erlaubt, um z. B. Passagiere aus- oder einsteigen zu
          lassen oder Waren auszuliefern (gilt nicht für Privatpersonen)
weiß =   kurzes Halten erlaubt, um z. B. Passagiere aus- oder einsteigen zu
          lassen oder Post in einen Briefkasten zu werfen
grün =   kurzes Parken erlaubt (die Dauer wird angegeben)
blau =   Parken erlaubt ausschließlich für behinderte Personen:[vii]
Ferner ist Parken nicht erlaubt an Bushaltestellen, innerhalb von 15 feet = ca. 4,5 Meter an Feuerhydranten und in den sogenannten "tow away zo-

nes", einer Zone, in der widerrechtlich geparkte Fahrzeuge umgehend abgeschleppt werden, um den Verkehr nicht zu behindern.

Bitte beachten Sie auch, dass es vorkommen kann, dass wenden nicht erlaubt ist. Dies erkennen Sie an einem Schild mit dem Aufdruck „no U turn" oder durch einen durchgestrichener nach unten zeigender Pfeil.

Hier dürfen Sie Sie abbiegen aber nicht wenden

Ungewohnt ist auch das Abbiegen auf den mehrspurigen Hauptverkehrsstraßen. Hier werden die beiden Fahrtrichtungen durch eine **gemeinsame** Mittelspur getrennt.

Auf dieser Mittelspur kann man **voreinander** in Einfahrten zu Einkaufszentren, Parkplätzen, Straßen etc. abbiegen. Bitte achten Sie auf den Gegenverkehr und fahren erst kurz bevor Sie abbiegen möchten auf diese Spur:

Abbiegen voreinander

Zu erwähnen wäre noch, dass die Ampeln in den USA hinter einer Kreuzung liegen, was ich persönlich sehr angenehm finde, da man sich hier nicht den Hals verrenken muss, wenn man an erster Stelle steht. Bitte bleiben Sie aber wie gewohnt vor der Kreuzung stehen und fahren besonders in den ersten Tagen vorsichtig, sonst fahren Sie ungewollt Fußgänger um oder stehen plötzlich unfreiwillig mitten auf der Kreuzung und blockieren diese. Aber Sie werden sich hieran ganz schnell gewöhnen.

Ampeln hinter der Kreuzung

Im Kreisverkehr haben meist die sich im Kreisverkehr befindenden Fahrzeuge Vorfahrt.

Bei Zebrastreifen ist anzuhalten und dem Fußgänger das Überqueren der Straße zu gewähren.

Bei einem Stau fahren Sie bitte nicht auf die Kreuzung, sondern halten davor. Auch in den USA ist das Blockieren und somit die Behinderung des Verkehrs strafbar und heißt "blocking the box".

Sollten Sie das Vergnügen haben, einem aggressiven Fahrer zu begegnen, der immer wieder nah hinten auffährt und drängelt. Lassen Sie ihn einfach vorbei und regen sich nicht auf. Wenn sie ihn/sie noch mehr provozieren, indem Sie vom Gas gehen, kann das ganze eskalieren ("road rage") und es kann für Sie und Ihre Mitinsassen gefährlich werden.

Die Hausnummer steht in den USA vor dem Straßennamen und die Postleizahl hinter Ort und Bundesstaat (z. B. 2950 N. Alvernon Way, Tucson, AZ 85712). Wenn Sie vor einer Hausnummer die Angabe N. für Nord, S. für Süd bzw. W. für Westen oder E. (East) für Osten finden, ist dies die Lage (Himmelsrichtung), in der Sie Ihre Destination finden. Viele amerikanische Städte sind im Karomuster angelegt. Nehmen wir beispielsweise New York, da verlaufen die Straßen von West nach Ost, die Blvd (Boulevards) und Ave (Avenues) aber von Nord nach Süd. Straßen sind oft lang und durchqueren eine Stadt von Nord nach Süd oder West nach Ost, Hausnummern gibt es daher oft doppelt und nur durch die Angabe der Himmelsrichtung wird die Lage präzisiert.

Planen Sie eine Rundreise, empfiehlt es sich, immer eine Gallone (ca. 3,8 Liter, gibt es in einem Wassercontainer in jedem Supermarkt zu kaufen – heißt dort z. B. Spring Water, Mountain Water oder Drinking Water) Wasser im Kofferraum zu haben (insbesondere, wenn es durch Wüstengebiete in Kalifornien, Nevada, Neu-Mexiko, Texas oder Arizona geht – hier überhitzt der Wagen schnell). Sollte genug Kühlflüssigkeit aufgefüllt sein und der Wagen dennoch überhitzen, gibt es einen simplen Trick, drehen Sie Heizung und Gebläse auf höchster Stufe an. Bei 30 oder 40 Grad Außentemperatur sicher kein Vergnügen, aber so bewahren Sie den Wagen vor einem Motorschaden. Aber gehen wir mal davon aus, dass sie ein neueres Modell und nicht so eine alte Schrippe wie ich damals fahren, dann ist ein

Überhitzen eher unwahrscheinlich. Denken Sie daran, zeitnah zu tanken (unleadded = bleifrei). Ein guter Straßenatlas ist auch empfehlenswert, diesen können Sie ggf. schon in Deutschland kaufen (z. B. McNally Road Atlas über Amazon). Bleiben Sie in einem Gebiet, empfiehlt sich ein normaler Straßenatlas der Stadt/des Bundesstaates, den Sie an Tankstellen auch vor Ort kaufen können. Tankstellen sind oft nicht, wie in Deutschland, direkt neben der Autobahn, sondern man muss von der Autobahn (Interstate, Freeway) runterfahren und nach dem Tanken wieder rauf. Schilder weisen Sie vor der Ausfahrt frühzeitig darauf hin, welche Tankstelle oder auch Restaurants, Geschäfte, eine Mall (Einkaufszentrum) etc. Sie bei der nächsten Ausfahrt finden; in dünn besiedelten Gebieten müssen Sie ggf. aber auf der Landstraße noch mehrere Kilometer bis zur Tankstelle fahren. Abfahrten mit der Ausschilderung „Business Loop oder BUS" möchten Sie besser vermeiden, da diese auf eine Bundesstraße und diese in das Geschäftsviertel der nächsten Stadt/Ortes führen[viii].

Autobahnausfahrten sind in der Regel durch Nummern gekennzeichnet (meist aber mit einem weiteren Verweis auf eine Bundesstraße, einen Ort oder eine andere Interstate).

In einigen Gebieten der USA, z. B. in Arizona, gibt es die sogenannten Monsunregen. Dort fällt innerhalb kurzer Zeit viel Regen, so dass insbesondere Senkungen hügliger Straßen unter Wasser stehen, so z. B. auf dem Speedway Blvd. in Tucson auf dem Weg zur Tanque Verde Ranch, wo es keine Umgehungsstraße gibt. Das Schild „Do not pass when flooded" weist Sie darauf hin, diese Senken dann besser nicht zu durchqueren, da diese unterschiedlich tief sein können und Sie Ihren PKW versehentlich dadurch unter Wasser setzen könnten. In diesem Fall schlage ich vor, falls Sie die Strecke nicht schon vorher gefahren sind und die Tiefe der Senke nicht kennen, und Sie nicht die Senke (auf eigene Verantwortung!) zunächst zu Fuß durchwaten wollen, auf ein anderes Fahrzeug zu warten und falls dieses die Senke durchquert, ggf. vorsichtig mit Ihrem PKW zu folgen. Durch Monsunregen können sich normale Straßen schnell in reißende Flüsse verwandeln. Städte wie Tucson haben ein entsprechendes System mit riesigen Schächten, so dass das Wasser in relativ kurzer Zeit in der Kanalisation verschwunden ist.

Das Schild „Railroad Crossing" zeigt Ihnen einen Bahnübergang an. Wie bei uns gibt es Bahnübergänge ohne Schranken, mit Schranken oder Warnblinklichtern. Die meisten Schranken verfügen über eine Warnglocke[ix].

Auf einigen Autobahnen gibt es auch sogenannte HOV Lanes (z. B. auf dem Long Island Express Way bei New York) oder Carpool Fahrbahnen. Diese Fahrspur darf dann zu bestimmten Zeiten nur von PKWs genutzt werden, die mit einer Mindestanzahl an Personen besetzt sind. Hierdurch soll die Bildung von Fahrgemeinschaften gefördert werden, um das Verkehrsaufkommen zu reduzieren. Im Gebiet um New York auf alle Fälle sinnvoll, der Verkehr ist mörderisch. Dennoch reichen hier ggf. auch 2 Personen pro Wagen aus, um die HOV Lane zu benutzen - die Mindestpersonenzahl und zu welchen Zeiten diese eingehalten werden muss - steht hier auf den Schildern.

Die Höchstgeschwindigkeit variiert von Bundesstaat zu Bundesstaat, sie ist in regelmäßigen Abständen ausgeschildert. Das gesetzliche Tempolimit variiert zwischen 55-75 Meilen/Stunde. Sie werden bemerken, dass es aber „normal" ist, dass dieses Tempolimit mit 5 – 10 mph überschritten wird und sollten Sie Ihr Tempo dem Verkehr anpassen, ist es eher unwahrscheinlich, dass die Polizei Sie anhält (ohne Gewähr ☺).

In vielen Staaten sind Radarwarner übrigens legal, nützen bei Lasergeraten aber nichts:
http://www.radarbusters.com/radar-detectors/stateradardetectorlawsarticle.cfm.[x]

Obwohl auch in den USA die linke Spur die „schnellere" Spur ist, ist es erlaubt, auf jeder Spur zu überholen, bitte wechseln Sie daher vorsichtig die Spur, auch Amerikaner können rasen und leider blinken viele nicht beim Spurwechsel und ziehen plötzlich von links nach rechts oder umgekehrt.
Bei auf die Autobahn einfahrenden Wagen wechseln Sie, wenn möglich, auf die linke Spur, um so den Verkehrsfluss zu gewährleisten. Beachten Sie auch, dass manchmal die rechte Spur zu einer reinen Abbiegespur (Ausfahrt) wird und wechseln Sie frühzeitig eine Spur nach links. Da manche Ausfahrten links abgehen (z. B. International Drive in Orlando Interstate 4

Richtung West), empfiehlt es sich, die Schilder zu beachten; die nächste Ausfahrt wird früh genug angezeigt, so dass Sie sich in Ruhe in die richtige Spur einordnen können.

Unglaublich aber wahr im Autoland USA: In manchen Gegenden gibt es auf der Straße entsprechend (meist weiß) gekennzeichnete Fahrradwege. Es ist Autos untersagt, auf dieser Spur zu fahren; in einigen Gebieten ist das Parken auf dieser Spur jedoch erlaubt. Insbesondere an/auf dicht befahrenen Kreuzungen können grüne Sicherheitszonen für Fahrräder vorhanden sein. In dem Fall muss der Fahrer des PKW **hinter** dem Fahrradfahrer bleiben![xi]

Viele Vermietungsfirmen untersagen generell das Befahren von unbefestigten Straßen, sogenannten „Dirt Roads". Sehen Sie ein Schild "four wheel drive only" ist diese Straße ausschließlich mit Wagen mit Allradantrieb befahrbar (falls Sie diese befahren dürften).

5. _Supermarkt_

Haben Sie ein Apartment gebucht, werden Sie zunächst sicher in den nächsten Supermarkt spazieren. Stellen Sie sich auf ein Megaerlebnis ein! Ein normaler amerikanischer Supermarkt hat ungefähr die Ausmaße von 3 - 4 „normalen" deutschen Supermärkten. Es gibt übrigens inzwischen auch Aldi in den USA, vergleichen kann man das Angebot aber nicht und wer denkt, das gleiche Warenangebot wie in Deutschland zu finden, der irrt (selten oder kein Vollkornbrot! selten und schnell ausverkauft weißer Spargel – in den USA gibt es sonst nur grünen). Zur Freude meiner Freundin Helga gibt es aber Gummibärchen und zu Weihnachten Lebkuchen.

In Supermärkten finden Sie natürlich auch in den USA oft bestimmte Artikel „on sale", also im Angebot. Falls Sie den Zusatz „with card" lesen, dann erhalten Sie den Sonderpreis jedoch nur, wenn Sie eine Kundenkarte besitzen.

Man kann in einem typischen amerikanischen Supermarkt nicht nur Lebensmittel kaufen, sondern auch Medikamente, Drogerieartikel, Küchenutensilien und vieles mehr. Insbesondere Obst und Gemüse sind von einer Frische, die ihresgleichen sucht. Sie werden in keinem amerikanischen Supermarkt braune Bananen, es sei denn, es handelt sich um Kochbananen (Plantains genannt) oder eingedellte Pfirsiche finden. Die Äpfel sind gewachst, poliert und glänzen. Die Preise sind ähnlich wie in Deutschland, manches ist aber teurer (wie z. B. Camembert - ein kleines Stück, das bei uns 99 Cent kostet, kann auch mal 8 Dollar kosten - Butter, Säfte, Toilettenpapier).

Gern gegessen wird auch Squash, den es in verschiedenen Formen mit leicht unterschiedlichem Geschmack gibt. Es ist ein Kürbis, den es inzwischen auch bei uns z. B. als Butternusskürbis (butter nut) im Supermarkt gibt. Inzwischen gibt es auch Vollkornbrot, das aber nach amerikanischer Art die weiche Konsistenz von Weißbrot hat, in manchen Supermärkten gibt es importiertes deutsches Vollkornbrot, meist dann aber schon etwas hart, entsprechend empfehle ich, für die Verdauung ein paar Pakete von zu Hause mitzunehmen. Dies gilt auch für Kaffee. Der ist zwar in den letzten Jahren viel besser geworden, wer es aber gewohnt gerne stark mag, sollte sich entsprechend ein oder mehrere Pakete des Lieblingskaffees mitnehmen. Inzwischen gibt es auch so eine Art Brötchen (Rolls) in den Supermärkten, die – wenn ein Toaster Grill (sieht aus wie eine Mikrowelle ist aber ein Minigrill) in der Ferienwohnung ist – knusprig gebacken werden können und dann sehr lecker sind. Das Gleiche gilt für Bagels.

Wasser aus dem Wasserhahn können Sie in den USA zwar in den meisten Gegenden bedenkenlos trinken, meist schmeckt es jedoch stark nach Chlor. Es empfiehlt sich daher, im Supermarkt ein paar Gallonen Trinkwasser (Drinking Water oder auch Spring oder Mountain Water) zu kaufen, die Gallone = 3,78 Liter kostet meistens weniger als einen Dollar. Es ist allerdings ohne Kohlensäure. Wasser mit Kohlensäure gibt es überwiegend mit Geschmack (Erdbeer, Zitrone, Kirsch etc.) und natürlich – entsprechend teurer – z. B. das importierte Perrier.

Die Auswahl in einem Supermarkt wird Sie zum Staunen bringen. So gibt es z. B. einen ganzen (langen) Gang nur mit Frühstückscerealien. Da gibt es welche mit süß-salzigem Erdnussgeschmack (Captain Crunch's Peanut Butter Crunch), die ich persönlich sehr lecker finde, wenn auch etwas süß, es gibt welche mit Fruchtgeschmack (Fruit Loops), mit Marshmallows (Lucky Charms), Vollkornflakes, Flakes mit extra Zuckerkruste und vieles mehr. Auch die Auswahl an Milch (ohne Fett, mit Fett, fettreduziert, mit Vitamin A, mit Vitamin D oder was auch immer) und Joghurts (fettfrei und meist sehr chemisch schmeckend – für mich als Sahnejoghurt Fan ein absolutes „Nein") ist gewaltig. Die Wursttheke hat im Vergleich zu Deutschland eine kleinere Auswahl. Amerikaner essen überwiegend Bologna (ugs: Bologni – eine Art Mortadella), Ham (gekochter Schinken), Honey Ham (Honig Schinken), Turkey (Putenbrust) oder Roastbeef. Salami oder Leberwurst gibt es dann eher im Deli-Regal bei der importierten Ware oder auch abgepackt im Kühlregal z. B. von der Firma Oscar Mayer. An der Käsetheke gibt es z. B. yellow and white American (ein gut schmeckender amerikanischer Käse in hell- oder dunkelgelb, Munster (auch mit Jalapenos (Chili's), Swiss (wie Emmentaler) und diverse Sorten Cheddar. Sie können entweder ein Pound (1 Pfund = 453 Gramm) oder ein halbes Pfund oder auch eine bestimmte Anzahl Scheiben bestellen und so alles in kleineren Mengen einmal durchprobieren. Die Scheiben sind allerdings sehr dünn, da die Amerikaner gerne sehr dünne Scheiben essen, diese dafür dann gleich mehrere cm dick aufs Brot legen.

In der Regel finden Sie neben der Wurst- und Käsetheke eine Theke mit verschiedenen Salaten. Hier empfehlenswert Krabbensalat (shrimp salad), Thunfischsalat (tuna salad), Hühnersalat (chicken salad) oder Krebsfleischsalad (crab salad) –, in der Nähe findet sich meist auch eine Deli Truhe mit meist importierten Käse- und Wurstwaren, wie z. B. Camembert, und neuerdings immer öfter eine extra Kühltruhe mit diversen Sorten Humus (sehr lecker) und ggf. Auberginenmus sowie Nudel- und Kartoffelsalat. Amerikanischen Bacon kann man leicht in der Mikrowelle schnell knusprig garen (bitte auf der Rückseite lesen, ob Microwave angegeben ist). Hierzu einige Scheiben Bacon nebeneinander auf zwei Blätter Küchenpapier legen und mit 2 Blättern Küchenpapier abdecken und auf die Popcorntaste der Mikrowelle drücken, wenn fertig noch ein zweites Mal auf die Popcorntaste drücken und der Bacon ist fertig, bei dicker geschnittenen Scheiben sonst ein weiteres Mal die Popcorn Taste betätigen.

Wenn Sie 10 Artikel oder weniger in Ihrem Einkaufskorb haben, werden Sie die Expresskassen freuen. Hier können Sie kleinere Einkäufe schnell bezahlen. Es ist auch oftmals so, dass sich gleich eine neue Kasse öffnet, wenn die Schlangen zu lang geworden sind. In den USA ist es aber dann üblich, dass nicht alle von hinten an die neu geöffnete Kasse stürmen, sondern die Kassiererin den nächsten in der Warteschlange an ihre Kasse bittet, damit der, der schon länger wartet, als nächster dran ist. Also bitte drängeln Sie sich auch hier nicht vor. Bei Walmart z. B. gibt es (zumindest in Casselberry, Florida) auch einen Self Check Out, wo man die Waren selber einscannt, einpackt und dann per Kreditkarte bezahlt. Ansonsten ist es üblich, dass der/die Kassierer(in) oder eine andere Kraft die Waren für Sie einpackt und Ihnen gerne auch zum Wagen trägt.

Einkaufsbeutel mitzunehmen ist unbekannt. Sie erhalten daher bei jedem Einkauf eine schöne Menge an ganz dünnen Plastiktüten. Das ging sogar soweit, dass ich als ich einmal meinen Stoffbeutel zum Einpacken der Ware rüberreichte, diesen dann sorgfältig eingepackt in einer Plastiktüte wiederfand. Ich frage mich noch bis heute, ob er mir in Rechnung gestellt wurde ☺.

Wie bereits gesagt, sind die Amerikaner höfliche Menschen. Sie werden an jeder Kasse gefragt, „how are you doing" (wie geht es Ihnen). Bitte geben Sie diese Höflichkeit zurück und antworten einfach „fine" (gut) oder „good, how are you" (mir geht's gut, wie geht's Ihnen), auch wenn es für Sie ungewohnt, gar lächerlich oder nervig ist und vielleicht auch gerade an diesem Tag nicht zutrifft.

Bitte beachten Sie: Es gibt in vielen Supermärkten keine oder nur eine begrenzte Auswahl an alkoholischen Getränken. Diese, insbesondere die harten, kaufen Amerikaner in Liquor Stores. Bitte beachten Sie ferner: In den USA ist es strengstens verboten, in der Öffentlichkeit Alkohol zu trinken (Ausnahme ggf. auf Veranstaltungen und zu finden unter: en.wikipedia.org/wiki/United_States_open_container_laws). Wenn Sie mit einer Bierflasche gemütlich am Strand liegen und Sie werden gesehen, verstoßen Sie gegen das Gesetz. Amerikaner behelfen sich daher, indem Sie den Alkohol in andere Flaschen umfüllen oder die Flasche Alkohol z. B. in einer (braunen) Tüte verstecken und daraus trinken. Es ist auch verboten, Alkohol (auch wenn noch ungeöffnet und geöffnet schon gar nicht) im Fahrgastraum eines Autos mitzuführen; er ist immer ungeöffnet im Kofferraum zu transportieren. Bitte beachten Sie die strikten Alkoholverbote insbesondere wenn Sie mit Kindern reisen, d. h. abends wird Ihnen der Zugang zu einem Restaurant mit Bar verwehrt, wenn Sie in Begleitung von Kindern sind. Der Genuss von Alkohol ist erst ab einem Alter von 21 Jahren erlaubt und Sie machen sich strafbar, wenn Sie Ihrem nach deutschem Recht erwachsenen" Kind" Alkohol kaufen bzw. dieser in Ihrer Gegenwart getrunken wird (auch wenn dies privat am Pool des Ferienhauses geschehen sollte)! Sollten Sie voller Freude in einem Automaten oder im Supermarkt „Root Beer" finden, kaufen Sie es besser nicht. Übersetzt heißt es Wurzelbier, hat aber mit Bier nichts gemeinsam und hat einen eigentümlichen Geschmack aus Vanille, Wachholder und Süßholz. Viele Flaschen, wie z. B. Bier (außer Importbier) und Wine Cooler (beliebtes weinhaltiges Mixgetränk), haben einen Drehverschluss, auch wenn der Verschluss aussieht wie ein Kronkorken bei uns – das ist der typische deutsche Verschluss einer Bierflasche, der aber bei uns nur mit Flaschenöffner zu öffnen ist.

6. *Kulinarisches*

Anstatt in den Supermarkt, kann man natürlich auch häufig essen gehen. Die Preise sind überwiegend günstiger als in Deutschland und man kann in vielen Restaurants mittags unter 10 Dollar essen. Leider gibt in den USA oftmals keine Möglichkeit, draußen zu sitzen, Ausnahmen bestätigen aber die Regel. Die amerikanische Mentalität ist hier etwas anders, während wir Deutschen, wenn wir essen gehen, dies eher genießen und celebrieren und dies meist mit Freunden auch mal über einen längeren Zeitraum, stehen Amerikaner nach dem Essen auf und gehen. Es ist nicht üblich nach Beendigung des Essens im Restaurant noch zusammenzusitzen, dies tun die Amerikaner im Anschluss z. B. in einer Bar. Wenn Sie ein Restaurant betreten, wird Sie in der Regel eine nette Dame oder ein netter Herr begrüßen. Am Schild „Wait to be seated" erkennen Sie sofort, hier muss ich warten, bis mir ein Platz zugewiesen wird. Wenn man Sie dann anspricht, erklären Sie „Party of (plus Anzahl Personen), also z. B. Party of two", wenn Sie nur zu zweit sind.

Bei besonders beliebten Restaurants stellen Sie sich bitte auf eine Wartezeit ein. Nehmen Sie einfach einen Cocktail/Aperitif an der Bar, man wird Sie rufen. Im Red Lobster in New York z. B. erhalten Sie ein Gerät, das Ihnen signalisiert, wenn Ihr Tisch bereit ist. Sich an einen Tisch dazu zu setzen, der bereits mit anderen Gästen belegt ist, ist unüblich (außer z. B. Tanque Verde Ranch in Tucson oder auf Kreuzfahrtschiffen, wo es Gruppentische gibt). Wenn Sie bestellen sagen Sie bitte „I'll have or Let me have". Bitte beachten Sie, dass viele Restaurants bereits gegen 22.00 Uhr schließen. Möchten Sie zahlen, sagen Sie zum Ober „Check please".

Wenn es Ihnen nichts ausmacht, früher zu Abend zu essen, ist ein „Early Bird Special" genau das Richtige für Sie. Hier erhalten Sie Ihre gewählten Speisen zu einem Vorzugspreis in einem bestimmten Zeitraum - meist zwischen 16.30 und 18.30 Uhr - bevor die eigentliche „Dinner" Zeit (19.00 Uhr) beginnt.

In manchen Restaurants essen Kinder an bestimmten Tagen umsonst. Hier können Sie nach Staat und Ort suchen:

http://mykidseatfree.com/Select_A_City.asp

Bitte beachten Sie jeweiligen die Bedingungen der Restaurants. Ich empfehle dringend, nicht ohne Jacke oder Pullover essen zu gehen. Leider herrschen in den Restaurants meistens Temperaturen, die wir Europäer nicht gewohnt sind. Wenn die Klimaanlage auf Hochtouren läuft und sich auch noch die Ventilatoren über Ihrem Kopf drehen, können Sie sich ganz schnell erkälten und wenn Sie erstmal mit Gänsehaut und blauen Lippen am Tisch sitzen, ist es schwer, das Essen zu genießen.

Ich persönlich finde, dass das Essen besser als sein Ruf ist und nein, Amerikaner leben nicht nur von Hamburger und Pizza – aber es ist ausdrücklich betont, ich bin kein Gourmet und mag ein gutes Preis-Leitungsverhältnis. Aber es ist schon richtig, viele Amerikaner lieben alles Frittierte, Fettige und sehr Süße. Ein richtiges amerikanisches Frühstück besteht z. B. aus Toast, Roll (Brötchen) oder Bagel, Rührei (scrambled eggs) oder Spiegelei (eggs sunnyside up oder over easy, wenn das Ei umgedreht und Eigelb gebraten sein soll), gerne auch ein egg Benedict (pochiertes Ei auf einem engl. Muffin, gekochtem Schinken oder Bacon, Sauce Hollandaise) knusprigen Bacon, Waffles (Waffeln) / Pancakes (Pfannkuchen) oder French Toast (Arme Ritter), welche in der Regel traditionell mit Ahornsyrup und Butter serviert werden. Mittags essen viele Amerikaner gerne Burger oder Sandwiches, Huhn ist meistens paniert und frittiert (fried, gebraten wäre broiled). Da es überall Pommes Frites (French Fries) oder Kartoffelecken (Potatoe Wedges) dazu gibt, können Sie Kalorien sparen, indem Sie diese gegen einen gemischten (tossed) Salat, mehr Gemüse (sauteed = gedünsted/boiled = gekocht) oder ggf. eine Backkartoffel (baked Potatoe), Reis oder Kartoffelpüree (mashed potatoes) austauschen. Sie werden gefragt, ob Sie die gebackene (baked) Kartoffel mit Sour Cream and Butter (übersetzt Saure Sahne – vergleichbar aber mit Quark - und Butter) möchten,

möchten Sie nur eins von beiden, sagen Sie das. Ansonsten gibt es in den meisten Restaurants eine tolle Auswahl an frischen Salaten auch mit frischem Obst bis hin zu Cranberries, mit oder ohne Fleisch oder Garnelen etc. oder einen leckeren Cole Slaw (Krautsalat). Auch Süßkartoffeln sind in den USA sehr beliebt und ich finde sie äußerst schmackhaft (insbesondere als sweet potatoe fries – Süßkartoffelpommes). Gewöhnungsbedürftig sind sie allerdings, wenn sie als Püree mit geschmolzenen Marshmallows serviert werden. Man muss also nicht Kalorienbomben zu sich nehmen und kann sich gesund ernähren. Gekochte Kartoffeln (außer als Kartoffelbrei) gehören jedoch nicht auf einen amerikanischen Teller.

Ein gemischter Salat wird in den USA vor dem Hauptgang serviert. Gerne können Sie das Dressing „on the side" bestellen und dann selber nach Bedarf auf dem Salat verteilen. Appetizer sind Vorspeisen, Side Dishes Beilagen und das Entrée der Hauptgang. Bier, auch wenn es importiertes deutsches Bier ist, hat einen geringeren Alkoholgehalt. Importiertes deutsches Bier schmeckt durch Zusätze für den Export nicht wie zu Hause.

Die Portionen sind in den USA oft üppig bemessen. Scheuen Sie sich daher nicht, die Reste in einem sogenannten „Doggy bag" (Tüte für den Hund) mit nach Hause zu nehmen. Das ist dort absolut üblich. In letzter Zeit erhalten Sie in manchen Restaurants den leeren Mitnahmebehälter an Ihren Tisch und Sie füllen dann die Reste selber von Ihrem Teller in das Gefäß.

Wenn Sie ein Stück Obstkuchen (z. B. Apple, Peach oder Cherry Pie /Apfel, Pfirsich, Kirsch) oder ein Schokotörtchen bestellen, werden Sie sicher gefragt, ob Sie dieses „a la mode" möchten und, falls Sie dies bejahen, Ihnen dieses dann (meist warm) mit einer Kugel Vanilleeis serviert wird. Ein Cobbler ist sehr lecker und eine Spezialität aus warmen Früchten und Butterstreuseln serviert mit Vanilleeis.

Das was wir unter Shrimp/Krabben kennen, ist in den USA als „Popcorn Shrimp" bekannt, während die größeren Garnelen dann – je nach Größe - dort „Shrimp", „Jumbo Shrimp" oder „Shrimp Scampi" heißen und Jacobsmuscheln sind Scallops. Und wenn Sie ein „Country Fried Steak" bestellen, erhalten Sie eine Art Schnitzel aus Hühnerfleisch. Eine Fast Food Kette heißt zwar Wiener Schnitzel, Schnitzel gibt es dort allerdings leider nicht. Diese finden Sie höchstens in entsprechenden deutschen/österreichischen Restaurants. Ein Corn on the cob ist der Maiskolben und lesen Sie „Chowder" auf der Karte erhalten Sie eine cremige Suppe (am bekanntesten ist die clam chowder = Muschelsuppe) und wenn Sie ein Shish Kebab bestellen ein Schaschlik.

Bei den Getränken ist zu beachten, dass es in vielen Restaurants „unlimited refills" gibt, d. h. eine Flatrate für nicht alkoholische Getränke, meist auch Kaffee/Tee. Softgetränke, die bei uns „Light" heißen, also z. B. CocaCola light, heißen in den USA „Diet" Coke. Insbesondere Kaffee wird oft unaufgefordert nachgeschenkt. In jedem Restaurant gibt es kostenlos Wasser. Früher wurde es automatisch zu jedem Essen gereicht, heute müssen Sie danach fragen, es soll kein Wasser verschwendet werden.

Hier handelt es sich immer um Leitungswasser, d. h. wenn Sie Pech haben, schmeckt das Wasser nach Chlor. Wasser aus der Flasche muss extra bestellt werden und ist nicht kostenlos. Insbesondere in Bars aber auch in einigen Restaurants, Pizzerien können Sie z. B. einen „Pitcher" bestellen. Hier gibt es Ihr Getränk in einem Krug, der knapp 2 Liter fasst. Dies ist natürlich dann empfehlenswert, wenn z. B. mehrere aus Ihrer Gruppe ein Bier trinken möchten, denn ein Pitcher ist meist preiswerter als wenn jeder einzeln ein Bier bestellt. Bier wird übrigens ohne Schaumkrone serviert. In Bars oder beim Mexikaner gibt es oft auch Pitcher, die mit Cocktails (z. B. Pina Coladas oder Margaritas) gefüllt sind.

Getränke in den USA kommen immer mit vielen Eiswürfeln (meist aus Leitungswasser, evtl. Chlorgeschmack!). Möchten Sie das Getränk ohne Eis, sagen Sie „no ice". Eistee ist eines der Nationalgetränke. Es ist ungesüßter schwarzer kalter Tee. Lecker und ohne Kalorien. Süßen können Sie ihn dann ggf. am Tisch selber. Inzwischen gibt es, wie bei uns auch, Eistee mit z. B. Pfirsich- oder Zitronengeschmack etc. Dieser ist dann natürlich gesüßt. Möchten Sie den Schwarzen Tee sagen Sie bitte „unsweetened Iced Tea". Ich finde ihn herrlich erfrischend und eine gute Alternative zu Wasser. Amerikaner trinken überwiegend stilles Wasser, auch wenn „Perrier" furchtbar „in" ist. Wenn Sie welches mit Kohlensäure wünschen, sagen Sie bitte „sparkling water" oder „mineral water" und hoffen, dass es welches gibt, es wird vermutlich importiert sein.

Wird ein Getränk (z. B. Root Beer oder Cola) als „Float" serviert, erhalten Sie ihr Getränk mit einer Kugel Vanilleeis.

Wenn es dann später ans Bezahlen geht, beachten Sie bitte:

1. Die auf der Speisekarte angegebenen Preise sind Nettopreise, d. h. die Steuer kommt noch hinzu.

2. Bedienungsgeld ist in der Regel nicht enthalten. Zahlen Sie an der Kasse, lassen Sie einfach das Trinkgeld auf dem Tisch liegen. Bitte geben Sie mindestens 10 % besser 15 %, in guten Restaurants 20 % (hier kann es sein, dass das Bedienungsgeld gleich mit auf die Rechnung aufgeschlagen wird, es wird dort unter **„gratuity"** ausgewiesen!).

Eine Bedienung in den USA verdient **weniger** als den Mindestlohn, der in den USA durchschnittlich – je nach Bundesstaat - zwischen 5,00 und 8,00 Dollar/Stunde liegt. In Wyoming liegt er z. B. für eine Bedienung bei nur 2,13 Dollar/Stunde[xii]). Das Trinkgeld ist für die Bedienung daher lebensnotwendig und sollte nur in besonderen Fällen (unhöflicher Service) gekürzt oder gestrichen werden. In einem Selbstbedienungsrestaurant freut sich die Bedienung über 1 - 2 Dollar pro Person. Das Gleiche gilt auch für Zimmermädchen (1 Dollar pro Person und Nacht sollte man mindestens geben), Gepäckträger (1 Dollar pro Gepäckstück) und Taxifahrer (10 % des Fahrpreises).

Bitte sparen Sie nicht auf Kosten anderer, die sich keinen Urlaub leisten können und eine Familie ernähren müssen.

Bitte erlauben Sie mir an dieser Stelle einen Ausflug in das US-amerikanische Bildungssystem:

Lehrstellen gibt es nicht. Je nach Geldbeutel der Eltern, haben junge Menschen nach Beendigung der Schule (High School Abschluss, falls sie nicht ohne Abschluss die Schule verlassen), die Wahl, auf eine Universität (teuer, Yale in Connecticut als eine der Eliteuniversitäten kostet über 50.000 Dollar pro akademischen Jahr), ein Community College (ähnlich wie eine Hochschule, günstiger als eine Universität, Kosten z. B. Valencia College in Florida zwischen 10.000 und 22.600 Dollar pro Jahr) oder an eine private Schule zu gehen (z. B. Beauty School), wo die Kosten aber auch schon mal 18.000 Dollar / Jahr für eine Ausbildung zur Kosmetikerin kosten kann (Empire Beauty School, Florida). Falls jemand also nicht besonders herausragende Leistungen in der High School bringt oder ein hervorragender Sportler ist und hierfür ein Stipendium erhält, sondern das Pech hat, Eltern zu haben, die nicht genug verdienen, um eine Ausbildung zu bezahlen, wird man ein Leben lang schlecht bezahlte Jobs verrichten müssen. Bleibt zu hoffen, dass durch die Gesundheitsreform von Präsident Obama in Zukunft diese Amerikaner wenigstens in den Genuss eines vernünftigen Krankenversicherungsschutzes kommen. Auch einen Kündigungsschutz wie bei uns gibt es nicht. Man geht morgens zur Arbeit und ist ein paar Stunden später arbeitslos. In meinem Fall wurde mir damals gesagt, ich wäre zu deutsch und ich musste umgehend meine Sachen packen – ich arbeitete zu diesem Zeitpunkt 6 Monate bei einer Arbeitsvermittlung im Büro.

Aber viele Menschen werden auch einfach nur entlassen, weil sie aufgrund von Krankheit ein paar Tage gefehlt haben oder weil das Kind krank und kurzfristig keine Betreuung aufzutreiben war. Viele Amerikaner haben gar keinen Urlaub und arbeiten mehrere Jobs nur um zu überleben. Hätte ich damals in einem großen Kaufhaus in Tucson angefangen, hätte ich nach einem Jahr Betriebszugehörigkeit gerade mal eine Woche Urlaub erhalten (pro Jahr), bei großen renommierte Unternehmen können insbesondere Führungskräfte dann auch schon mal etwas mehr rechnen, der Durchschnitt sind 10 Tage im Jahr[xiii]. Es ist aber auch durchaus üblich, dass Amerikaner auf ihren Urlaub verzichten und dies dann als besonders gute Arbeitsmoral von den Arbeitgebern angesehen wird. Gehälter in den USA werden übrigens oft wöchentlich (per Scheck) ausbezahlt.

Meine Freundin Sheila aus New York war mit schwerer Bronchitis zu Hause geblieben. Nachdem sie nach einer Woche immer noch nicht arbeitsfähig war, wurde ihr das Gehalt so lange gestrichen, bis sie wieder zur Arbeit kam – sie hat maximal 1 Woche Lohnfortzahlung bei Krankheit im Jahr! Sheila war früher Lektorin mit einem guten Gehalt. Mit Anfang 60 wurde sie, kurz bevor sie Anspruch auf die Auszahlung der betrieblichen Altersvorsorge gehabt hätte, entlassen. Sie wurde vor die Wahl gestellt, 2 Jahre Rentenzahlung oder gar nichts. Nach den 2 Jahren musste dann eine Arbeit als Bürokraft annehmen und verdient gerade genug, um ihre Rechnungen zu bezahlen. Da nun die betriebliche Altersvorsorge wegfällt und die staatliche Rente zu gering ist, muss sie arbeiten bis sie stirbt. Sie hasst ihre neue Arbeit, war sehr deprimiert und sah todmüde aus das letzte Mal als wir uns sahen. Todd, ein Cowboy, den ich auf der Tanque Verde Ranch in Tucson kennen gelernt hatte, hatte sich als Schmied selbständig gemacht. Er hat mit gebrochenem Arm und vor Schmerzen weinend Pferde beschlagen, da er sich seinen Ausfall finanziell nicht hätte leisten können.

Was ich damit sagen möchte, es gibt viele kluge, fleißige Menschen in den USA, die einfach aufgrund der Umstände am Existenzminimum leben und dort aus eigener Kraft, da das Geld kaum zum Überleben reicht geschweige denn für eine Ausbildung, nicht rauskommen können. Ich habe damals zunächst 5 $ später 5,50 $/Stunde verdient und bin mit ca. 570 $/Monat nach Steuern nach Hause gegangen und das bei einer 41 Stunden Woche. Ich weiß, wie es ist, wenn kein Essen im Kühlschrank, kein Geld für irgendwelche Extras und kein Krankenversicherungsschutz vorhanden ist. Es ist erniedrigend und zum verzweifeln. Sie können sich diese Reise leisten, Ihnen geht es gut, lassen Sie andere an Ihrem Glück teilhaben und seien Sie großzügig, wenn Sie mit der Leistung zufrieden waren.

7. *Restauranttipps für Nicht-Gourmets*

In den USA gibt es eine Vielzahl von Restaurantketten, die meinen Geschmack treffen. Besonders ans Herz legen kann ich

Red Lobster: redlobster.com
Hier gibt es Meeresfrüchte aber auch Huhn und abends Steak. Man kann die Specials essen, z. B. zu bestimmten Zeiten das Lobster Feast mit Hummer, großen Krabbenbeinen und Fisch, sich das Essen nach eigenem Geschmack zusammenstellen („create your own combo") oder à la carte essen. Auch die „Lobster" (Hummer) Pizza schmeckt vorzüglich. Vor jedem Hauptgericht gibt es einen „Caesars Salad „ (Römersalat mit Croutons, frischem Parmesan und einer Spezialsoße oder wahlweise einen „Garden / Tossed Salad" (gemischter Salat). Die Soßen kann man wählen.

Es gibt u. a. das allseits beliebte „Ranch Dressing", eine Art Joghurt-/Mayodressing, sehr lecker, dann das Thousand Island (rosé), ein Honey Mustard (Honig-Senf), Vinaigrette (Essig/Öl) oder das French Dressing (je nach Bundesstaat/Restaurantkette entweder sahnig mit leichtem Senfgeschmack oder rot nach Ketchup schmeckend). Zu jedem Hauptgericht erhält man unbegrenzt warme, luftige Käsebrötchen „Cheese Biscuits", ein bisschen fettig durch den Käse aber einfach himmlisch, und Red Lobster ist bei jeder meiner USA Reisen ein Muss.

Ich mag auch das **Golden Corral**. Hier gibt es morgens, mittags und abends ein entsprechendes Buffet mit einer großen Auswahl, so dass sich für jeden Geschmack etwas finden sollte. Insbesondere der Bananen- bzw. auch der Brotpudding als Nachspeise oder warme Pfirsiche/Äpfel mit Vanilleeis sind sehr lecker. Allerdings herrscht hier Kantinenatmosphäre, aber bei der Auswahl und den Preisen nehme ich das persönlich gern in Kauf: goldencorral.com

Aber auch die folgenden Restaurants kann ich empfehlen:

Olive Garden: olivegarden.com
TGI Fridays: tgifridays.com/home/welcome.aspx
Friendly's: friendlys.com/
Chili's: chilis.com/EN/Pages/home.aspx
Sweet Tomatoes: souplantation.com
Perkins: perkinsrestaurants.com
Marie Calendars: mariecallenders.com
Sizzlers : sizzler.com
Applebees : applebees.com
Black Angus Steakhouse: stuartandersons.com

oder meine beiden Lieblingsrestaurants Brio Tuscan Grille: brioitalian.com/index.html und The Cheesecake Factory: thecheesecakefactory.com/menu/welcome/Welcome.

Natürlich gibt es überall auch viele preiswerte chinesische Restaurants und China-Imbisse, oft auch mit hervorragenden All you can eat Buffets und einer Auswahl an Sushi (hier sehr lecker die knusprigen warmen California Rolls mit süßer Sojasoße) und das Orange Flavored Chicken (ähnlich wie Huhn süß-sauer nur doppelt gebacken mit Orangensoße) sowie sämtliche Fast Food Ketten und Pizzabäcker.

Die durchschnittliche amerikanische Pizza ist weitaus größer als eine Pizza in Europa. In der Regel reicht eine amerikanische Pizza für ca. 3 Personen. Zu beachten ist, dass Peperoni nicht Peperoni sind, sondern eine sehr leckere, leicht scharfe Salami. Das, was wir unter Peperoni kennen, sind dort Jalapenos oder hot peppers, Paprikaschoten sind bell peppers oder green / red peppers, Champignons heißen mushrooms.

Ich weiß noch, wie ich bei meinem ersten USA Besuch meine erste Pizza in Miami Beach bestellte. Wir waren 2 Personen, also bestellten wir 2 Pizzen und fragten, ob sie keine Salami hätten. Es entstand eine kurze Diskussion, dass wir nur eine Pizza wollten und diese mit Peperoni. Wir gaben nach und es war gut so. Wir haben noch am nächsten Tag von der einen Pizza essen können, die einfach köstlich schmeckte. In einigen Restaurants, z. B. Sbarros, können Sie auch statt einer ganzen Pizza nur ein oder zwei „slices" (Stücke) bestellen. Die Art der Pizza variiert von Staat zu Staat.

Menschen an der Ostküste mögen ihre Pizza eher dünner und knusprig, während die Pizza anderswo dicker und fluffiger ist.

Eiscafés nach Europäischem Vorbild gibt es in den USA eher selten. Sie können natürlich Eis oder das so beliebte Frozen Yogurt[5] kaufen (bei Dairy Queen, Baskin Robbins, Haägen Dazs, Ben&Jerrys) und dieses mit der gewünschten Verzierung (topping), wie z. B. diverse Soßen (Caramel, Schokolade etc.) Schokoflakes, bunte Streusel, verzieren, aber richtige Eisdielen, in denen es eine große Auswahl an diversen Eisbechern gibt (außer eine kleine Auswahl auf der Dessertkarte in Restaurants), gibt es m. E. nicht und die meisten Eisdielen haben keine oder nur eingeschränkte Sitzmöglichkeiten. Viele Amerikaner essen ihr Eis zu Hause und dafür gibt es u. a. riesige Kübel – in Amerika ist alles etwas größer - in den Supermärkten zu kaufen.

Die verschiedenen Geschmacksrichtungen sind mal was anderes und so fällt es mir immer schwer, mich zu entscheiden, auch wenn sie für den deutschen Gaumen etwas merkwürdig erscheinen (z. B. Ben&Jerry's Chubby Hubby, Vanilleeis mit Bretzeln, die mit Erdnussbutter gefüllt sind). Ein „scoop" ist übrigens eine Kugel.

---

[5] *Frozen Yogurt schmeckt nicht wie bei uns nach Yoghurt, sondern gibt es in vielen Geschmacksrichtungen, wie „normales" Eis . Es hat wenig oder kein Fett (aber Zucker!).*

8. _Auf Schnäppchenjagd_

Bitte beachten Sie, dass in den USA grundsätzlich überall Nettopreise ausgewiesen sind. Bis auf bestimmte Nahrungsmittel im Supermarkt, auf die in den meisten Staaten keine Mehrwertsteuer erhoben wird, werden auf alle anderen Waren (z. B. Kleidung, Essen im Restaurant etc.) die Mehrwertsteuer und je nach Bundesstaat eine staatliche
Steuer beim Bezahlen raufgeschlagen[xiv].
Schnäppchen gibt es überall zu finden. Ich kann daher nur dringend raten, nehmen Sie einen halbleeren Koffer mit und kaufen Sie ein. So preisgünstig kommen Sie nie wieder an Markenware und die Zollgrenze ist 2008 in Deutschland auf 430 Euro/Person angehoben worden[xv]. Für Kinder unter 15 Jahren sind es 175 Euro Lassen Sie ruhig die Preisschilder an den Waren, sonst wird man Ihnen nicht glauben, was für Schnäppchen Sie gemacht haben, oder haben die Belege griffbereit.

Falls Sie eine feste Adresse für die Zeit Ihres Urlaubs in den USA haben, können Sie auch z. B. bei amazon.com nach Schnäppchen, z. B. Designer-/Markenschuhe, suchen und sich diese dann an diese Adresse liefern lassen. Hier erhalten Sie eine Übersicht der Kleider- und Schuhgrößen: deutscheindenusa.com/deutsch-amerikanische-umrechnungstabelle/

Es gibt in jeder Stadt „Malls", große Einkaufszentren meist mit den gängigen Warenhäusern wie z. B. Sears, JC Penney, Macy's, Kohls oder Dillards. Hier gibt es das ganze Jahr über „Sales" und so können Sie bis zu 70 % oder mehr reduzierte Ware finden. Beachten Sie die Schilder „Sale" die Prozentzahl und ggf. auf den Hinweis, dass _„additional .. % is taken at the register"_, d. h. auf diese reduzierte Ware gibt es nochmal soundsoviel Prozent bei Bezahlung an der Kasse.

Sollten Sie nicht sicher sein, was das Kleidungsstück kostet, in der Nähe gibt es fast überall Scanner, die Ihnen, wenn Sie das Preisschild runterhalten, den genauen Preis nennen, sonst können Sie auch an der Kasse fragen.

Bei Dillards ist es uns schon öfter passiert, dass wir bei Kreditkartenzahlung unseren Ausweis zeigen mussten; dies geschah aus Sicherheitsgründen, da wir die Karte an dem Tag schon fleißig eingesetzt hatten, um unsere Identität zu bestätigen.

Jede Mall hat auch ihren Food Court, eine Abteilung mit diversen Anbietern für das leibliche Wohl, so dass jeder etwas nach seinem Geschmack finden kann. Es gibt meist einen Chinesen, bei dem man eine 2 oder 3 item combo bestellen kann. Das heißt, neben Reis oder gebratenen Nudeln als Beilage können Sie sich 2 bzw. 3 Gerichte aussuchen und das Ganze meist für unter 10 Dollar. Ferner gibt es in diesen Food Courts meistens noch japanisches, amerikanisches (Burger oder Sandwiches), italienisches Essen sowie die Möglichkeit Eis, Cinamon Rolls (Zimtschnecken oder -stangen) oder eiskalte Slushes (gestoßenes Eis mit Geschmack) zu kaufen. Der Überbegriff für alle alkoholfreien Getränke wie Cola, Sprite etc. ist übrigens „Soda", „Diet Soda" für „Light Getränke".

Dann gibt es noch die Outlet Malls oder Outlet Center. Hier lohnt es sich vor Ihrer Abreise zu googlen (z. B. Premium Outlet Centers premiumoutlets.com/centers/index.asp oder www.outletbound.com/usa50.html wo an Ihrem Zielort das nächste ist. Outlet Malls sind kleine Städte für sich mit einer Vielzahl von Geschäften (teilweise weit über 100) und reduzierten Preisen, Marken- /Designerware der letzten Saison. Insbesondere z. B. Reebok, Skechers oder Nike haben meist Specials (kauf 1 Paar Schuhe und erhalte das 2. Paar zum halben Preis). Auch hier finden Sie einen Food Court, der für das leibliche Wohl sorgt.

Die besten Schnäppchen jedoch finde ich immer bei meinen drei Lieblingsläden:
Ross: rossstores.com
Marshalls: marshallsonline.com
TJ MAXX: tjmaxx.com

Hier gibt es neben jeder Menge billiger Ware auch Marken- und Designer-
ware, die teilweise nochmals reduziert ist. So konnte ich z. B. Nike, Asics
oder auch Adidas Jazzpants für 10 bis 20 Dollar erstehen. Neben Kleidung,
Schuhen (Markenturnschuhe teilweise für unter 30 Dollar) finden Sie dort
Bettwäsche, Spielwaren, Einrichtungsgegenstände und vieles mehr. Es
lohnt sich daher immer ein Besuch.

Über den Store locator und Eingabe Ihres Zielortes finden Sie die nächstge-
legensten Filialen.

Umkleidekabinen sind übrigens für Damen und Herren getrennt. Bitte,
liebe Herren, folgen Sie nicht Ihrer Dame in die Umkleidekabine vor der in
der Regel eine Angestellte steht, die die Kleidungsstücke zählt und Ihnen
ein entsprechendes Schild mit der entsprechenden Anzahl aushändigt,
welches Sie bei Verlassen der Kabine wieder abgeben. Die Kleidungsstücke,
die Sie nicht möchten, geben Sie einfach zurück, sie werden vom Personal
wieder einsortiert. Sollte mal kein Personal vor den Kabinen stehen, können Sie auch in diesem Fall die nicht gewünschte Kleidung an eine Stange
im Eingangsbereich hängen.

9. *Wo kauft man was?*

Target, Walmart oder Kmart sind beliebte Häuser, die ein breites Angebot
von Kleidung über Spielsachen, Schmuck, Elektronik, Drogerieartikeln,
Bettwaren bis hin zu Medikamenten, Möbeln und bei Walmart zusätzlich
auch eine recht gute Auswahl an Lebensmitteln führen. In vielen Geschäften erhalten Sie preisreduzierte Waren manchmal nur, wenn Sie eine Kundenkarte vorweisen können, die jedoch erst beantragt werden müsste. Bei
Sonderpreisen daher darauf achten, ob z. B. der Zusatz „with card" am
Preisschild steht.

Supermärkte heißen z. B. Albertsons, Publix, Frey's, Winn-Dixie, Smith's, Safeway, A&P, King Kullen, Waldbaums. BJ's ist sowas wie bei uns die Metro und man muss eine Kundenkarte besitzen. Medikamente können Sie im Supermarkt kaufen. Hier gibt es frei verkäufliche Medikamente. In den meisten Supermärkten gibt es in diesem Bereich auch einen Apotheker für Beratung und verschreibungspflichtige Medikamente oder Sie kaufen diese in sogenannten Drug Stores, z. B. „Walgreens, Rite Aid, Vons, Duane Reade oder CVS. Hier ist m. E. immer ein Apotheker vor Ort und neben Medikamenten kann man dort auch Hygieneartikel, Postkarten, Kosmetik, Vitamine und vieles mehr kaufen. Baumärkte heißen u. a. Home Depot oder Lowes.

Übrigens haben viele Geschäfte (Banken, Apotheken) sogenannte „Drive In". Wie bei uns bei McDonalds oder Burger King kann man dort seine Geschäfte im Auto sitzend abwickeln.

Falls Sie nicht allergisch auf bestimmte Substanzen reagieren und nicht chronisch krank sind, lohnt es sich eher nicht, eine Auswahl an Medikamenten auf Ihrer Reise mitzuführen. Medikamente sind gut und in der Regel preiswerter als in Deutschland.

Sie kaufen z. B.

- bei Schmerzen ein Präparat auf dem „Pain Relief" steht und bei Fieber „fever reducer",
- bei Migräne ein Präparat auf dem „Migrene relief" steht,
- bei Husten wählen Sie ein Präparat auf dem „Cough" (suppressant wäre Hustenstiller) steht,
- Erkältungsmittel finden Sie unter „Cold & Flu",
- bei Nebenhöhlenproblemen wählen Sie ein Präparat, mit dem Vermerk „Sinus" ,
- bei Muskelschmerzen finden Sie im Regal Therma Care Auflagen wie bei uns, es gibt aber auch eine preiswertere Variante bei Walgreens (Eigenmarke) oder als Creme ein Präparat mit der Aufschrift Muscle / Joint (Muskel und Gelenk) Pain relief,

- abschwellendes Nasenspray heißt decongestant Nasal Spray oder Sinus Relief,
- Meerwassernasenspray heißt Saline nasal spray,
- und ein Pflaster ist ein Band Aid.

Bitte lesen Sie ggf. die Inhaltsstoffe oder fragen den Apotheker, wenn Sie sich nicht sicher sind.

Bei FedEx Kinko's z. B. können Sie Dokumente drucken, kopieren und binden lassen. Ein weiterer Service, den meine Freundin Helga gerne in Anspruch nimmt, da Sie keinen Computer besitzt, ist der, dass ich ihr einen Brief oder Unterlagen auf Ihre FedEx Kinko Adresse maile, sie geht in das Geschäft und lässt sich das Ganze ausdrucken. Das geht schneller als auf dem normalen Postweg.

Amerikanische Geschäfte sind täglich geöffnet, Malls in der Regel von 10.00 Uhr bis 21.00 Uhr, sonntags bis 18.00 Uhr, manche Supermärkte sogar 24 Stunden. Nur an Feiertagen, z. B. Thanksgiving (Erntedankfest), kommt es vor, dass neben Supermärkten und Geschäften sogar viele Restaurants geschlossen sind, da dann traditionell amerikanisch gegessen wird (Truthahn). Gott sei Dank hatte wenigstens Walmart Thanksgiving auf und wir konnten uns, da gerade erst angereist, mit dem Notwendigsten versorgen und uns ein leckeres warmes Essen bestehend aus gebackenem Huhn, Kartoffelpüree, brauner Bratensoße und Krautsalat gleich mitnehmen.

Leider können wir Europäer uns die Mehrwertsteuer nicht am Flughafen erstatten lassen. Ausnahmen: Louisiana: louisianataxfree.com und Texas: http://www.taxfreetexas.com/
Dennoch lohnt sich das Einkaufen auf alle Fälle. Kleidung, insbesondere Marken-/Designerkleidung ist weitaus günstiger als bei uns.

10. *Weitere nützliche Tipps*

Telefonieren

Sicher nehmen Sie Ihr Handy mit, Sie benötigen für die USA ein Triband! Damit Sie Ihre Lieben zu Hause umgehend per sms von Ihrer sicheren Ankunft informieren können, vergessen Sie bitte nicht, die Vorwahl für Deutschland (01149 oder ++49) im Handy zu speichern und die Null der Ortsvorwahl/Handy-Nr. zu löschen. Übriges heißt das Handy in den USA „Cell" oder „Mobile" (phone) und **nicht** Handy! Es empfiehlt sich, mobile Daten/Apps (Daten Roaming) und die Mailbox zu deaktivieren, damit keine unbeabsichtigten Kosten entstehen.

Kostengünstig nach Hause telefonieren können Sie mit einer preisgünstigen „Prepaid **international** phone card", die Sie z. B. an Tankstellen oder im Supermarkt erhalten.

Bitte kaufen Sie eine Karte mit „no connection fees" (ohne Verbindungsgebühren). Hier kann man z. B. für 5 Dollar über 2 Std. nach Deutschland telefonieren. Das geht oft auch von den Hotelzimmern aus, manche Hotels erheben jedoch eine Gebühr, bitte erkundigen Sie sich vorher oder benutzen das nächste öffentliche Telefon. Sie rubbeln auf der Rückseite die Nummer frei bzw. ziehen das Klebeband ab. Dann rufen Sie die angegebene 1-800-Nummer, geben anschließend die freigelegte Pin-Nr. ein, dann die Vorwahl für Deutschland 01149, die Ortsvorwahl (ohne Null) und Telefonnummer. Eine Ansage informiert Sie nach jeder Einwahl über die verbleibende Zeit. Bitte beachten Sie, dass es in Deutschland bereits 6 Stunden (US Ostküste) bis 9 Stunden (US Westküste) später als bei Ihnen ist.

Falls Sie ohne Handy, Smarthphone etc. nicht können und viel telefonieren/surfen wollen, habe ich diesen interessanten Link für eine Sim-Karte für die USA gefunden, bei der Sie Ihre deutsche Nummer behalten können: holidayphone.de/prepaid-sim-karte-usa.html?gclid=CPLjiLHnjrECFQrN3wod2DzoHQ
sowie diverse Meinungen und Informationen über das Amerika Forum: amerika-forum.de/forums/91-Technik-in-Amerika (keine persönlich Erfahrung!). Googlen Sie weitere Anbieter (z. B . Sim USA) und starten Sie einen Preisvergleich. Sie können sich sonst auch z. B. über Amazon.de eine USA Prepaid SIM Karte kaufen (bitte lesen Sie sich die jeweiligen Bedingungen gründlich durch).

Wollen Sie innerhalb der USA telefonieren beachten Sie bitte folgendes:
Innerhalb der Region, in der Sie sich befinden, wählen Sie die 7stellige Nummer. Rufen Sie außerhalb der Region oder in einem anderen Bundesstaat an, wählen Sie bitte zunächst die 1, dann die Vorwahl der Region, z. B. 212 für Manhatten, 202 für Washington) und dann die 7stellige Nummer, wobei große Städte, wie z. B. Los Angeles, auch nochmal innerhalb der Stadt in unterschiedliche Vorwahlnummern eingeteilt sein können.

Sollten Sie im Hotel übernachten und sich wundern, warum am Telefon in Ihrem Zimmer eine Lampe blinkt, dann decken Sie es nicht wie wir ab, sondern melden sich an der Rezeption, man hat versucht, sich mit Ihnen in Verbindung zu setzen.

Viele Hotels haben übrigens „free local calls", d. h. lokale Anrufe sind kostenfrei.

W-LAN = WiFi

W-LAN = WiFi in den USA genannt, findet man kostenlos an vielen Orten, z. B. McDonalds, Starbucks und in vielen Motel- und Hotelketten (Achtung: manchmal nehmen Hotels jedoch auch saftige Preise, bitte vor Buchung beachten!). Auf dieser Website finden Sie weitere W-LAN/WiFi Spots in den USA wififreespot.com.

Einen T-Mobile Laptop Stick oder Internet on the Go gibt es bei Walmart zu kaufen. Bei dem T-Mobile Stick ist es sinnvoll, vorher zu überprüfen, ob in der Gegend, in der Sie wohnen werden, T-Mobile überhaupt verfügbar ist und in welcher Stärke, sonst nützt Ihnen der Stick auch nicht viel. Außerdem muss wohl die Simkarte erst noch bei T-Mobile aktiviert werden: walmart.com/ip/T-Mobile-4G-Laptop-Stick/20976916

Internet on the Go wird über das Sprint-Netz abgedeckt. Wenn ich die Beschreibung jedoch richtig verstanden habe, muss erst ein Receiver (knapp 80 Dollar) und dazu die Karte gekauft werden. Die Karten gibt es ab 25 Dollar. Nähere Infos unter: internet-go.com.

Falls Sie Ihren Laptop/Tablett etc. nicht mitnehmen möchten, denken Sie daran, dass es in den USA nur wenige Möglichkeiten gibt, Ihre Emails abzurufen. Internet Cafés gibt es eher nur vereinzelt. Die meisten Amerikaner haben einen Laptop und gehen zu McDonalds, Starbucks o. ä., um dort kostenlos im Internet zu surfen (ggf. finden Sie die Einloggdaten zum WiFi auf dem Kassenbon). Ohne eigenen Laptop können Sie ggf. in Ihrem Hotel oder meist in öffentlichen Bibliotheken kostenlos Zugang zum Internet erhalten. Googlen Sie vor Abflug, wo sich an Ihrem Zielort die nächste Bücherei (Library) befindet und welchen Service sie bietet. Dort gehen Sie an den Informationsschalter und bitten, als Gast das Internet nutzen zu dürfen. Sie zeigen Ihren Ausweis vor und können dann ca. 30 Minuten kostenlos surfen und für ein paar Cents auch Dokumente, wie Ihr Rückreiseticket, ausdrucken.

Währung

Klar, in den USA gibt es Dollar, umgangssprachlich heißt das aber im Einzelnen:

1 Dollar = 1 Buck

ein 25 Cent Stück = 1 Quarter

ein 10 Cent Stück = 1 Dime

ein 5 Cent Stück = 1 Nickel

Klimaanlagen/Ventilator

Klimaanlagen gehören für uns Deutsche nicht zum alltäglichen Leben und ich weiß noch, wie ich das erste Mal in Tucson trotz an die 40 Grad Außentemperatur die Nächte zitternd im Bett verbracht habe, weil ich nicht wusste, wo und wie man die Temperatur regeln kann. In Motels und Hotels ist dies leicht herauszufinden. Hier befinden sich meist große Geräte (wie bei uns Nachspeicherheizungen) unter den Fenstern:

Dort kann man in der Regel einfach den Deckel hochklappen, falls dieser nicht mal wieder abgebrochen ist, die Temperatur einstellen und die Anlage ein- und ausschalten.

In Ferienwohnungen oder Häusern suchen Sie bitte nach einem Gehäuse an der Wand. Dort können Sie die Temperatur (Fahrenheit) einstellen, bzw. das Gerät ein oder ausschalten.

Es gibt folgende Funktionen:

cool (Kühlung), off (aus) und heat (Heizung)

Fan (Ventilator ohne Kühlung), auto (springt automatisch an, wenn die eingegebene Temperatur über- bzw. unterschritten wird – je nachdem, ob Heizung oder Kühlung) und on (Dauerkühlung /-wärme). Über Temp für Temperatur stellen Sie die gewünschte, Ihnen am angenehmste Temperatur ein.

Klimaanlagenregler in einer Privatwohnung (central air)

Bitte beachten Sie, dass sich oft die Lüftungen direkt über dem Bett befinden und so ein ständiger/regelmäßiger Luftzug herrscht, der leicht eine Erkältung verursachen kann. Leider lassen sich in vielen Hotels die Fenster nur einen Spalt oder gar nicht öffnen, damit Sie sich nicht rausfallen oder rausspringen und Ihre Angehörigen später nicht das Hotel verklagen.

Entsprechend können Sie entscheiden, ob Sie bei ausgeschalteter Klimaanlage ggf. in einem sehr warmen Zimmer nächtigen oder sich ggf. durch ständigen Luftzug und die teilweise recht laute Klimaanlage (insbesondere in Motels) gestört fühlen wollen. Hier wären Ohrstöpsel ein hilfreiches Reiseutensil.

Auch Deckenventilatoren sind in amerikanischen Häusern kaum wegzudenken. Oftmals sind diese auch gleich durch eine integrierte Lampe die Lichtquelle des Raumes und mit dem Lichtschalter verbunden. Je nach Einstellung kann es dann sein, dass mit dem Licht auch der Ventilator angeht. Wollen Sie diesen ausstellen, ziehen Sie bitte (ggf. mehrmals) vorsichtig an einem der Schnüre, die vom Ventilator hängen.

Wäsche waschen
Sollten Sie während Ihres Aufenthaltes Ihre Wäsche waschen wollen, finden Sie Waschmaschinen und Trockner in Hotels/Motels (meist in separaten Räumen), in Ferienhäusern und Wohnungen (hier auch manchmal außerhalb in Gemeinschaftsräumen) oder in entsprechenden Waschcentern (Laundromat). Beides wird in der Regel durch Quarter (25 Cent Stücke) betrieben. Amerikanische Waschmaschinen werden Ihnen zunächst gewöhnungsbedürftig vorkommen. Glücklicherweise gibt es nun auch in den USA Waschmaschinen nach europäischer Bauart, wie wir sie kennen, sollten Sie aber noch einer Waschmaschine der älteren Generation gegenüberstehen, keine Panik. Diese Waschmaschinen (und Trockner) sind Toplader. In der Mitte befindet sich bei den Waschmaschinen ein „Arm", der die Wäsche lediglich nach links bzw. rechts schwenkt – wie bei uns eine Brotbackmaschine mit Knethaken.

Es gibt nur drei Temperaturstufen cold (kalt), warm (warm) oder hot (heiß), wobei hot nicht den bei uns üblichen 90 Grad entspricht. Sie legen die Quarter in die einzelnen Schlitze der ausziehbaren „Schublade" und schließen diese, wählen zunächst die Temperatur und lassen das Wasser ein (Klappe zu), kippen dann das Waschmittel hinzu (Klappe auf) und erst wenn dieses gut aufgelöst ist, verteilen Sie die Wäsche einmal rund um den „Arm", Klappe wieder schließen und waschen lassen. Bitte verwenden Sie bei Buntwäsche <u>kein</u> Waschmittel mit Bleiche (detergent with bleach), da Sie sonst wie ich weiße Sprenkel auf Ihrer dunklen Wäsche haben.

Uhrzeit
Bei der Uhrzeit wird zwischen Stunde, Minute und ggf. Sekunde ein Doppelpunkt anstelle eines Punktes geschrieben und die Zeitrechnung erfolgt gemäß einer 12 Stunden-Zählung, nämlich von 12:00 Uhr bis 12:00 Uhr. Ob sich die angegebene Uhrzeit dann auf morgens/vormittags oder nachmittags/abends/nachts bezieht, wird dann durch den Zusatz AM (ante meridiem) oder PM (post meridiem) bestimmt. Ich habe mir hierfür eine Eselsbrücke gebaut: Der neue Tag beginnt um 24.00 Uhr (Mitternacht) = 12:00AM (wodurch ich AM gedanklich durch Am Morgen ersetze – was natürlich Quatsch ist, aber meine Eselsbrücke) und geht bis 11.59. Um 12 Uhr mittags fängt dann der Nachmittag an, also ab 12 Uhr mittags mit PM.

24.00 Uhr Mitternacht = „midnight" oder 12am
= Mitternacht bis 11.59 vormittags = AM

12.00 Uhr mittags = „noon" oder 12pm
= 12.00 mittags bis 23.59 = PM

Zeitbestimmung mit Minuten (mündlich) z. B. 11:15am = eleven fifteen am, 8:30pm = eight thirty pm.

Ein dringendes Bedürfnis

Sollten Sie unterwegs sein und eine Toilette suchen, finden Sie diese in Hotels, an Tankstellen, „Rest" oder Picknic Areas (z. B. an Autobahnen) unter der Bezeichnung: Restroom, Ladies bzw. Mens Room, Lavatory oder (eher in privaten Haushalten unter) Bathroom oder Powder Room. Bitte fragen Sie nie nach einer Toilet, das wird als unhöflich angesehen! In der Regel ist die Toilettennutzung kostenlos.

In vielen Fast Food Restaurants, wie z. B. Burger King oder McDonalds, steht zwar geschrieben „Customers only" – nur für Kunden -, aber kontrollieren tut das eher niemand. Bitte urinieren Sie nie am Straßenrand oder hinter einem Baum etc. , egal wie dringend das Bedürfnis ist.

Temperatur

In den USA wird die Temperatur nach Fahrenheit berechnet. Zum Beispiel sind:

0 Grad Celsius = 32 Fahrenheit

20 Grad Celsius = 68 Fahrenheit

30 Grad Celsius = 86 Fahrenheit

Für die Umrechnung von Fahrenheit nach Celsius gilt:

Temperatur in Fahrenheit minus 32 x 5 : 9

Benimmregeln

Gehen Sie in ein Restaurant, geht die Dame vor, der Herr hält die Tür auf.

Alles, was es zu zerschneiden gibt, wird vor Beginn des Essens zerkleinert, Amerikaner essen dann anschließend nur noch mit der Gabel anstatt wie bei uns, Messer und Gabel in der Hand zu behalten und nur den jeweiligen Bissen abzuschneiden.

Die linke Hand gehört beim Essen nicht auf, sondern unter den Tisch auf den Schoß.

Das Schnauben in ein Taschentuch am Tisch geht gar nicht; bitte suchen Sie hierfür die Toilette auf.

Während Sie in Deutschland von einem Fremden wohl eher nicht mit einem Kosenamen angesprochen werden, ist das Wort „Hon" (für Honey = Süße) in den USA eine oft und gerne gebrauchte Anrede, wie das „Love (Luv)" in England. Fühlen Sie sich daher nicht auf den Schlips getreten, es ist dort keine intime, sondern freundliche Anrede.

Kleidung
Amerikaner lieben legere Kleidung und nur in besseren Restaurants können Kleidervorschriften existieren. Tragen Sie also gerne in Ihrem Urlaub T-Shirts, Shorts und Turnschuhe oder FlipFlops, werden Sie nirgendwo schräg angesehen.

Rauchen
Rauchverbote regelt jeder Bundesstaat in den USA anders. Zusammenfassend kann man aber sagen, dass die meisten Staaten, das Rauchen in öffentlichen Einrichtungen, in Fahrstühlen, am Arbeitsplatz, Restaurants und Bars verbieten, manchmal aber sogar im Freien, wie Parks, Stränden oder öffentlichen Plätzen. Wer hiergegen verstößt, erhält ein Bußgeld![xvi]
Falls Sie Raucher sind, buchen Sie bitte entsprechende Zimmer in den Hotels oder rauchen bei einer Ferienwohnung ggf. draußen.

Rabatte
Für Sie vielleicht interessant ist, dass es in den USA oft Spezialpreise für Personen gibt, die ein gewisses Alter überschritten haben. Hier erhalten bestimmte Altersgruppen (meist 50 Jahre und älter) Sonderpreise bei Hotelbuchungen (Senior Rate - ca. 10 %), Kreuzfahrten, Flügen oder in Restaurants (z. B Golden Corral). Fragen Sie vor Ort nach Rabatten, z. B. auch bei Macys, die Touristen eine Gutscheinkarte anbieten.
In den Tageszeitungen (zumeist am Wochenende), auf der Rückseite von Quittungen oder falls Sie in einer Ferienwohnung/-haus wohnen ggf. in Ihrem Briefkasten oder auf Webseiten finden Sie Coupons, die Sie dann in den Geschäften oder Restaurants einlösen können. Diese Coupons geben Rabatte auf bestimmte Waren z. B. im Supermarkt oder auf eine Pizza beim Lieferservice um die Ecke, aber auch auf Spielwaren oder in Geschäften in Einkaufszentren oder in Bauhäusern. Auch auf entsprechenden

Webseiten von Outlet Centern unter Sales & Events oder der entsprechenden Läden gibt es entweder eine Übersicht über die „Sales" oder Coupons (z. B. bei einem meiner anderen bevorzugten Läden: Stein Mart <u>steinmart.com</u> hier ggf. den ZIP code (PLZ) eingeben), die Sie sich (vor der Reise) ausdrucken können (Gültigkeit beachten) und dann 20 – 30% Nachlass auf bestimmte Waren erhalten.

ADAC Mitglieder Mitgliedskarte des AAA besorgen und Rabatte in Motels mit AAA Zeichen erhalten. Hier muss die AAA-Mitgliedsnummer ggf. schon bei Reservierung angegeben werden!

Erdbeben
Falls Sie Ihren Urlaub in Kalifornien verbringen, kann es sein, dass die Erde bebt. Bitte rennen Sie nicht auf die Straße. In den USA sind die elektrischen Leitungen überwiegend überirdisch verlegt, können bei einem Erdbeben brechen und das Starkstromkabel windet sich wie eine Schlange todbringend durch die Gegend. Besser Sie stellen sich in einen Türrahmen, verkriechen sich unter einem stabilen Tisch oder legen sich in die Badewanne (das ist kein Witz!).

Sollten Sie während eines Erdbebens gerade im Auto sitzen, fahren Sie an die Seite und möglichst weit weg von allem, was auf Sie und Ihr Auto fallen könnte. Anschließend fahren Sie vorsichtig und langsam weiter und halten die Augen offen (Schäden in der Straße, unpassierbare Brücken etc.).

Hurricane
Hören Sie die Worte „Hurricane Watch" wird Ihnen die mögliche Richtung angegeben, die der Sturm nehmen könnte, während bei einer „Hurricane Warning" die wahrscheinliche Richtung genannt wird, somit die gefährlichere Einstufung ist und Anlass dafür wäre, dieses Urlaubsgebiet umgehend zu verlassen, insbesondere wenn Sie sich in einem leichten Holzhaus/Beachhaus oder Wohnmobil befinden. Beides wird dem Sturm kaum standhalten können. Sollten Sie keine Möglichkeit haben, das Haus zu verlassen, bleiben Sie weg von Fenstern und gehen Sie – falls vorhanden – in den Keller, ein fensterloses Bad oder einen Wandschrank und verstecken sich unter schweren Möbeln (z. B. Tisch).

Wenn Behörden Sie dazu auffordern, das Gebiet zu verlassen, kommen Sie dem umgehend nach. Abhängig davon, wie nah der Sturm bereits ist, folgen Sie anderen in den nächsten Schutzraum, um sicher zu sein. Bitte lassen Sie das Radio/Fernseher an und bleiben somit vor, während und nach dem Sturm informiert. Ist der Sturm noch weiter entfernt, ist es sinnvoll die Sachen zu packen und ein paar 100 Meilen landeinwärts zu fahren (insbesondere, wenn Sie nah am Wasser wohnen). Im Falle einer Hurricane Warnung werden übrigens in der Regel alle Flüge gestrichen.

Tornados

Tornados treten überwiegend im Mittleren Westen auf (Arkansas, Iowa, Kansas, Louisiana, Minnesota, Nebraska, North Dakota, Ohio, Oklahoma, Illinois, South Dakota, Texas). Sie können jederzeit auftreten, Hauptsaison ist jedoch zwischen März und August. Da Tornados die Richtung ändern und Sie nicht direkt in einen reinfahren möchten, wird empfohlen, sich umgehend ein robustes Gebäude zu suchen und dort einen fensterlosen Raum im Erdgeschoss oder besser noch im Keller. Ist kein Gebäude in der Nähe wird empfohlen, den Wagen umgehend zu verlassen und sich in einen tiefer gelegenen Punkt (ohne Gefahr von Überflutung) flach auf die Erde zu legen und Kopf und Nacken zu schützen. Stellen Sie sicher, dass keine elektrischen Leitungen oder Masten in der Nähe sind, die auf Sie fallen können.

Severe Thunderstorms

Bei einem schweren Unwetter fahren Sie bitte an die Seite der Straße und halten an. Stellen Sie sicher, dass sich in Ihrer Nähe keine Objekte befinden, die auf den Wagen fallen können. Bleiben Sie im Auto, halten Sie die Fenster geschlossen und schalten Sie die Warnblinkanlage an, um anderen Fahrern zu signalisieren, dass Sie dort stehen. Sind Sie sicher doch weiterfahren zu können, schalten Sie das Licht ein und fahren Sie vorsichtig (Aquaplaning!) mit großzügigem Abstand zum Vordermann weiter und vermeiden Sie überflutete Straßen. Sie wissen nicht, wie der Zustand der Straße ist und wie hoch das Wasser. Im schlimmsten Fall werden Sie im Wagen eingeschlossen und ein schnell ansteigender Wasserpegel kann den Motor abwürgen und das Auto samt Insassen mit sich reißen.

Verkehrsmittel

Die meisten Städte haben ein sehr gutes Nahverkehrssystem, die Preise für eine einfache Fahrt sind überwiegend günstiger als in Deutschland. Bitte recherchieren Sie ggf. auch die Preise für Tages-, Wochen- oder Monatskarten in Ihrem Zielgebiet. Generell gibt es auch hier für Senioren Sonderpreise. Ich habe aber durch meine Tante die Erfahrung gemacht, dass z. B. in New York Verkehrsbetriebe nur einen amerikanischen Seniorenausweis anerkennen.

Amtrak ist das nationale Bahnsystem, aber bei weitem nicht mit der Deutschen Bahn zu vergleichen.
(deutsch.amtrak.com/amtrak/ende/24/ www amtrak com/home).
Zusätzlich haben viele Staaten ein eigenes Bahnnetz, das aber überwiegend die Pendler von den Vororten in die Städte und zurück bringt.

Greyhound ist das größte amerikanische Busunternehmen im Fernverkehr:
greyhound.com

Ansonsten fahren die meisten Amerikaner natürlich Auto. Die Benzinpreise sind immer noch weitaus günstiger als in Deutschland, obwohl auch die Amerikaner stöhnen. Die Preise an Tankstellen sind für eine Gallone =3,8 Liter. Parkplätze sind insbesondere vor Supermärkten, Einkaufszentren etc. in der Regel großzügig vorhanden und meist kostenlos (Ausnahme z. B.Manhatten). In den USA sollen Sie Geld nicht zum Parken ausgeben, sondern beim Shoppen.

Fernsehen

Amerikaner lieben Ihren Fernseher, je größer desto besser. Entsprechend gibt es viele Programme. Weniger erfreulich sind die ständigen Werbeunterbrechungen. Wenn Sie denken, die haben wir in Deutschland ja auch, weit gefehlt. Werbeunterbrechungen sind in den USA weitaus häufiger und richtig nervig, da oftmals nicht nur der gleiche Werbespot bei jeder Unterbrechung gesendet wird, sondern insbesondere zum Ende einer Serie/Films die Werbespots alle paar Minuten ausgestrahlt werden, manchmal sogar noch einer vor dem Abspann, so dass ich schon kaum mehr Lust habe, Fernsehen zu schauen. Auch Zugang zu Nachrichten aus aller Welt werden Sie wohl nur erhalten, wenn Sie entweder diese auf CNN abpassen oder sich per Computer online auf entsprechenden deutschen/europäischen Seiten informieren. Die Nachrichten im amerikanischen Fernsehen (18.00 Uhr bzw. 22.00 Uhr) beziehen sich leider fast ausschließlich auf nationale Nachrichten, hier sogar überwiegend aus der Region, in der Sie gerade Urlaub machen.

Und wenn es im Fernsehen piept oder sich der Mund eines Schauspielers bewegt, Sie aber nichts als Stille hören, dann wurde dort ein anstößiges Wort (wie das ständig und gerne benutzte Wort „fucking") einfach ausgeblendet. So kommt es z. B. bei der (in meinen Augen) abartigen „Jerry Springer Show" zum ständigen Piepen. Auch Nacktszenen, nackte Haut oder Serien/Filme zu Themen wie Homosexualität etc. werden Sie höchstens zu später Stunde auf privaten Sendern finden, die kostenpflichtig sind. Amerikaner sind nun mal prüder als wir in Europa. So duscht ein Kind (Zeichnung) z. B. in einem amerikanischen Kinderbuch mit Badeanzug oder wir Frauen sind beim Frauenarzt komplett während der Untersuchung mit einem Kittel bedeckt. Auch das Abtasten der Brust wird vom Arzt im Blindflug unter diesem Kittel vorgenommen. Bei einem Saunabesuch ist Bekleidung Vorschrift und wollen Sie nicht wegen Erregung öffentlichen Ärgernisses festgenommen werden, behalten Sie bitte Ihren Badeanzug/-hose an, auch wenn das unhygienisch ist.

Ertönt im Fernsehen ein langanhaltender Piepton sollten Sie unbedingt feststellen, ob es sich hier um einen Testalarm handelt oder ob vielleicht ein Hurricane, Tornado o. ä. im Anzug ist; es ist eines der nationalen Warnsysteme.

Wussten Sie schon…
- Lesen Sie das Wort „Corn Dog", wird dort ein Würstchen im Teigmantel verkauft.
- Bitte betiteln Sie farbige Amerikaner grundsätzlich als „African Americans".
- Sich gleich mit dem Vornamen anzureden/vorzustellen ist absolut üblich.

- Bitte vermeiden Sie Gesprächsthemen wie Religion, Rassen oder Politik. Amerikaner sind Patrioten und haben einen ausgeprägten Nationalstolz, den wir so nicht kennen. Bei Diskussionen und Gesprächen werden Dinge umschrieben und sie bleiben höflich. Es ist für sie wichtiger, niemanden „auf den Schlips zu treten", als auf Teufel komm raus auf ihr Recht zu pochen. Viele Deutsche sind den Amerikanern zu direkt.

- Amerikaner sind offene, kommunikative Menschen, die absolut keine Scheu haben, auf andere Menschen zuzugehen und sie anzusprechen. Es ist daher auch nicht ungewöhnlich, wenn man Sie auf offener Straße oder beim Einkaufen anspricht und Ihnen sagt, wie sehr einem Ihr Kleid oder Ihre Schuhe gefallen oder was für einen schönen Hund Sie haben. Schmeicheleien und Komplimente (auch übertriebene) sind Teil der amerikanischen Lebenskultur.

- Ist ein Brief mit XOXO unterschrieben, steht XOXO für hugs and kisses (Umarmungen und Küsse).

- Wenn Amerikaner sich begrüßen, gibt es, wenn überhaupt, nur ein Küsschen auf die Wange (nicht zwei oder drei).

- Die Abkürzung „tbd" steht für to be determined (noch zu vereinbaren (z. B. Termin).

- Das Wort asap steht für as soon as possible = etwas, das Sie schnellschmöglich erledigen sollten.

- Schuhe stellen Sie bitte in Hotels nicht zum putzen vor die Tür, sie werden nicht geputzt, sondern entsorgt.

- ZIP code = hier ist die Postleitzahl gefragt.

- Amerikaner tragen Ihren Ehering zusammen mit dem Verlobungsring ab der linken Hand (da die dem Herzen am nächsten ist).

- Amerikanerinnen legen viel Wert auf haarfreie Zonen. Insbesondere Bein- und Achselhaare sind ein absolutes „no go" (geht nicht). Deutsche Frauen stehen in dem Ruf behaart zu sein.

- Nacktbaden oder „oben ohne" ist auch bei Kindern verboten (Ausnahme: FKK Strand/Resort[xvii]). Das Gleiche gilt für öffentliches Urinieren. Auch sollten Sie sich nicht am Strand umziehen.

- Das Rechtssystem ist unterschiedlicher wie es nicht sein könnte. Die signifikantesten Unterschiede sind m.E. zum Einen das Three Strikes Law, bei dem nach zwei Verurteilungen, die als Verbrechen („Felony") gelten, bei der dritten Verurteilung eine lebenslange Haftstrafe verhängt wird[xviii] und zum anderen ein sogenanntes „Mitgehangen Mitgefangen" Vorgehen der Justiz, wonach auch Beiständer mit der vollen Härte des Gesetzes bestraft werden (z. B. der, der den Fluchtwagen fährt wird ggf. genauso wegen Mordes angeklagt und verurteilt, wie der, der tatsächlich geschossen hat). Im alltäglichen Leben werden Sie sich sicher wundern, dass Sie auf Stufen die Worte „Watch your Step" (Vorsicht Stufe), auf Kaffeebechern dass der Inhalt heiß ist, ein Boden gerade frisch gewischt oder z. B. auf Rasenmähern den Hinweis finden, dass Sie hier nicht in die Schneide fassen sollen. Was für uns selbstverständlich ist, nämlich, dass man mitdenkt, sonst hat man selber Schuld, ist in den USA nicht so. Hier gilt, wenn keine Warnung vorhanden ist und man verunfallt, kann man das Unternehmen oder die Person, die Schuld am Unfall hat, verklagen und bekommt ggf. viel Geld. Bestes Beispiel ist der Fall einer Frau, die sich einen Kaffee bei einem Fastfood-Restaurant kaufte, sich den Becher mit dem heißen Kaffee zwischen die Beine stellte, der schwappte über, sie verbrannte sich und erhielt zunächst insgesamt fast 3 Millionen Dollar Schmerzensgeld und Behandlungskosten (die dann vom Gericht zu einer unbekannten Summe reduziert wurden) Seither wird in den USA der Kaffee weniger heiß serviert. Wer einen kurzen Einblick in das Rechtssystem haben möchte, sollte sich unbedingt Judge Judy (werktags auf CBS um 16.00 Uhr Eastern time (Ostküste) ansehen. Hier verklagt jeder jeden wegen lauter Kleinigkeiten (die meisten Fälle würden in Deutschland von entsprechenden Versicherungen übernommen werden, nur dass die wenigsten Amerikaner versichert sind (Haftpflicht, PKW, Unfall) und Judge Judy ist mit ihrer unnachahmlichen Art der Horror für Kläger und Angeklagte. Über viele ihrer Urteile kann ich zwar nur den Kopf schütteln aber ich liebe sie und im Gegensatz zu Barbara Salesch sind diese Verfahren wohl auch real.

- Viele Zahn- und Tierärzte in den USA verwenden immer noch Lachgas für die Betäubung.
- Für Hunde gilt grundsätzlich Leinenpflicht (kurze Leine - Ausnahme Freilaufgebiete) und die Hinterlassenschaft aufzuheben. Hunde dürfen nicht mit in Restaurants, nur in Geschäfte, die mit dem Schild „Pets welcome" versehen sind und nicht in öffentliche Verkehrsmittel (Ausnahme Blindenhunde[xix]).
- Wild lebende Tiere bitte nicht anfassen (Tollwutgefahr!)
- Manche Strände (z. B. New Smyrna Beach, Florida) können gegen Gebühr mit dem Auto befahren werden, damit sich die Insassen auf dem kilometerlangen Strand ein ruhiges Plätzchen zu suchen.
- Autokorsos (Warnblinklichter an) sind oft Beerdigungen. Bitte reihen Sie sich nicht ein, sondern warten, bis der letzte Wagen an Ihnen vorbeigefahren ist.
- Vorfrankierte Post kann man, z. B. bei einem Ferienhaus, in den Briefkasten legen. Wenn Sie dann den Wimpel am Briefkasten nach oben schieben, signalisiert das dem Postboten, dass er die Post mitnehmen soll.
- Wenn niemand zu Hause ist, werden Pakete auch schon mal einfach vor die Tür gestellt.
- Wenn Sie sich wundern, dass das Wort „Ambulance" auf Krankenwagen seitenverkehrt geschrieben vorne auf den Wagen steht, dann schauen Sie in den Rückspiegel, wenn mal einer hinter Ihnen fährt und Sie sehen das Wort dort im Spiegel richtig geschrieben.
- Das Importieren von mit Alkohol gefüllter Schokolade (z. B. Mon Cheri) ist verboten, da Kinder die Schokolade essen könnten.
- Der Zugang zum einem Casino wird Ihnen verwehrt, wenn Sie in Begleitung von Kindern sind, selbst wenn Sie in dem Hotel wohnen. Sie müssen dann einen Weg außerhalb des Casinos wählen.
- Haustiere werden in den meisten Tierheimen nach wenigen Wochen eingeschläfert, wenn sie nicht vermittelt werden.
- Die Herren tragen zum Schwimmen   lockere, oft knielange Badeshorts. Enganliegende kurze Badehosen, die wie Unterwäsche aussehen (in den USA Briefs oder Speedos genannt), wirken auf Amerikaner anstößig, der Träger ggf. als „schwul" abgestempelt.
- In Oregon soll man nicht selber tanken.

- Datenschutz ist ein Fremdwort. Daher werden regelmäßig Identitäten „gestohlen". Informationen wie Adresse, Alter, wieviel Grundsteuer gezahlt wird etc., finden sich allen zugänglich im Internet.
- Ein USB Stick auch Flash Drive heißt.
- Da viele Amerikaner selbst die kleinsten Strecken überwiegend mit dem Auto fahren, werden Sie sich wundern, dass es insbesondere in Vororten oder auf dem Land keine Bürgersteige gibt. Man läuft dann am Rand der Fahrbahn auf dem Seitenstreifen entlang und dies möglichst auf der Seite auf dem einem die Autos entgegenkommen, damit man den Verkehr nicht im Rücken hat und somit immer einen guten Überblick. Aber natürlich gibt es auch Amerikaner, die sich gerne bewegen und es war für mich eine überaus positive Erfahrung morgens beim joggen auf Long Island oder in Winter Park von anderen Joggern oder Gassigehern freundlich mit „Morning" oder per Handzeichen gegrüßt zu werden. Da wundert man sich zunächst „warum sind die alle bloß so nett"? Viele Deutschen kritisieren dann, das ist alles oberflächlich und nur gespielt. Ist es nicht; es ist diese durchweg positive Grundeinstellung, die u. a. für mich die USA so attraktiv macht.
- Beim Verlassen von Geschäften werden Sie mit „Have a nice Day" (ich wünsche Ihnen einen schönen Tag) verabschiedet. Auch das Wort „Excuse me" (Verzeihung) wird oft benutzt, insbesondere, wenn man z. B. im Supermarkt aneinander vorbeigeht. Anfangs war ich verwirrt. Was soll ich denn entschuldigen, hier ist jede Menge Platz, um an mir vorbeizukommen und fühlte mich gestört und spätestens nach dem 5mal genervt, aber auch das ist die amerikanische Höflichkeit.
- In den USA ist es normal, seinen Reichtum zur Schau zu stellen. Man zeigt, ich bin stolz und zeige, zu was ich es gebracht habe. Da ich anders aufgewachsen bin, bodenständig und eher praktisch veranlagt, frage ich mich manchmal, wozu braucht einer 10 Badezimmer, 20 Oldtimer oder einen Privatjet?
- BYOB: Bring your own bottle. Wenn Sie eingeladen werden und diese Worte hören, wissen Sie, dass der Gastgeber keinen Alkohol anbietet und Sie Ihre eigene Flasche mitbringen sollen. Es gibt ei-

nige Restaurants/Bars/Clubs, z. B. welche ohne Lizenz zum Alkoholausschank, die dieses Prinzip auch anwenden[xx].

- Jaywalking: Das verkehrswidrige, unachtsame oder bei rot Überqueren einer Straße ist verboten und wird mit einem Bußgeld geahndet.
- Werden Sie im Restaurant gefragt, ob Ihnen das Essen geschmeckt hat, antworten Sie bitte nicht mit „good", = Synonym für „ich habs runterbekommen".

Kreuzfahrten

Ich bin kein Experte in Kreuzfahrten. Ich habe bisher zwei Kreuzfahrten mit der Carnival Cruise Line ab Port Canaveral mit der Carnival Sensation auf die Bahamas und ab Miami mit der Carnival Destiny zu den Cayman Islands und Jamaica gemacht. Auch wenn es mir durch die Musik am Pool zu laut ist, kann ich diese Cruise Line gerne empfehlen – andere Anbieter wären z. B. Royal Carribean oder Norwegian Cruise Lines. Die Preise sind äußerst günstig. Leider kann man als Ausländer ohne US Adresse und US Kreditkarte nicht direkt bei Carnival buchen, das geht nur über einen deutschen Veranstalter und kostet dann mehr als Amerikaner zahlen. Normaler Weise kostet eine 5tägige Kreuzfahrt inklusive 2-Bett-Kabine und Vollpension unter 300 US Dollar (abhängig davon wann man bucht kann der Preis natürlich variieren). Wie in Amerika üblich, kommen dann noch Trinkgelder (10 Dollar/Tag/Person) und Steuern hinzu. Da wir über Deutschland gebucht haben, haben wir für 5 Tage 370 Euro bezahlt, damit waren aber bis auf alkoholische Getränke, Ausflüge oder Sonderaktivitäten, wie z. B. eine Massage, alle Kosten abgedeckt. Fotos finden Sie übrigens auf meiner Website: usakompakt.com

Wer möchte, kann die Kreuzfahrt zu günstigeren Dollarpreisen auch vor Ort in den USA im nächsten Reisebüro buchen. In der Regel gilt jedoch, je früher man bucht, desto günstiger ist es.

Die Kabinen sind sauber und relativ geräumig. Sie haben ein kleines Bad, Telefon und Fernseher. Telefonieren nach Deutschland kostet 90 Cent/Minute und ist daher erschwinglich, die vorher genannte Telefonkarte funktionierte hier nicht. Es gab zwei Restaurants, in denen wir morgens à la carte ein Frühstück, mittags (nicht an Landtagen) und abends jeweils ein 3-Gänge-Menü zu uns nehmen konnten. Das Essen ist wirklich hervorragend. Bei den Menüs gibt einige Gerichte, die immer auf der Karte stehen, dazu gibt es täglich wechselnde Gerichte und z. B. zum Captains Dinner Hummer oder Chateaubriand. Wer legerer essen möchte, kann sich im Buffet-Restaurant sattessen, in der 24h Stunden geöffneten Pizzeria oder der Sushi Bar (so auf der Carnival Destiny). Im Buffetrestaurant (hier gibt es einen Innen- und einen Außenbereich am Pool) gibt es ggf. diverse Themenbuffets, z. B. ein karibisches nach Ankunft auf den Cayman Islands, davor war es ein italienisches, dann einen New York Deli mit diversen Sandwiches und ein chinesischer Imbiss (Carnival Destiny), ein Nachspeisenbuffet und eine Softeismaschine runden das Ganze ab. Als Getränke stehen Lemonade (Zitronensaft mit Wasser und Zucker (lecker), Eistee (ungesüßt) – beides kann man mixen und hat dann ein „half and half", Tee und Kaffee und morgens diverse Säfte zur Auswahl, alles andere kostet extra, ist aber erschwinglich und so haben Cocktails einen reißenden Absatz. Kauft man zum Abendessen eine Flasche Wein, wird einem diese Flasche an den darauffolgenden Abenden, so lange serviert bis sie leer ist. Das ist in der Regel kostengünstiger als jeden Abend nur ein Glas Wein zu bestellen.

Für Unterhaltung ist gesorgt. Es gibt ein Spielkasino an Bord, man kann sich im Spa bei einer Beautybehandlung oder Massage verwöhnen lassen, auf einem Sportdeck joggen, schwimmen, an Bingoturnieren, dem haarigsten Brusthaar-Wettbewerb, einem Quiz oder vielem mehr teilnehmen. Abends gibt es in den verschiedenen Bars diverse Livemusik und an manchen Abenden im Theater eine Show.

Alles ist gut organisiert und das ein- und auschecken geht relativ schnell voran - immerhin befinden sich meist um die 3.000 Menschen auf so einem Schiff, was sich aber doch verläuft und meist findet man ein ruhigeres Eckchen. Wer allerdings eine Atmosphäre wie auf dem ZDF Traumschiff erwartet, den muss ich enttäuschen. Durch die niedrigen Preise werden Sie hier eher amerikanische Mittelschicht finden und keinen Millionär ☺ und zur „Spring Break", den Frühlingsferien, viele junge Studenten. Wer dies nicht möchte, kann natürlich auch für mehr Geld bei einer anderen Reederei buchen. Die Sprache an Board ist natürlich englisch. Auf der letzten Reise fanden wir uns aber an einem Tisch mit zwei Schwestern wieder, Deutsche, eine lebt in den USA, die andere in Italien, - mit beiden hat meine Tante noch Kontakt - und unsere Bedienung aus der Ukraine sprach auch deutsch. Auch wenn ich fließend englisch spreche, war dies eine nette Überraschung.

Vor dem Rückflug

Bitte bestätigen Sie einen Tag vor Rückflug telefonisch Ihren Flug (reconfirm your flights). Dazu lassen Sie sich bitte schon in Deutschland die kostenlose 1-800 Nummer der Fluglinie in den USA geben. Hier werden Ihnen dann auch noch mal die Flugzeiten bestätigt bzw. Änderungen bekannt gegeben. Dies ist kein Muss, aber falls Flugzeiten sich ändern, einfach der sicherste Weg, den Flieger rechtzeitig zu erreichen.

Bitte fahren Sie rechtzeitig zum Flughafen. Alle Flughäfen haben Mindesteincheckzeiten und wenn Sie auch nur 2 Minuten zu spät sind, müssen Sie umbuchen und den nächsten Flieger nehmen (so uns 2009 in Orlando passiert - hier muss man 45 Minuten vor Abflug eingecheckt sein und wir waren zwar zunächst pünktlich, durch Wartezeit dann 3 Minuten zu spät eingecheckt und mussten dann mehrere Stunden warten und die Umbuchungsgebühr von 50 Dollar pro Person für den inneramerikanischen Flug zahlen). Wenn Sie innerhalb der USA fliegen, können Sie oft schon im Hotel für den Flug online einchecken und Ihre Koffer draußen vor dem Flughafen abgeben, fliegen Sie jedoch nach Deutschland zurück (auch wenn Sie evtl. in den USA vorher noch einmal umsteigen müssen), müssen Sie sich im Flughafen anstellen. Neuerdings passiert auch hier alles elektronisch, man checked sich an Computern selber ein.

Bisher hat es noch nie richtig geklappt, so dass ich trotz entsprechender Eingaben am Terminal meinen Koffer erst mit Unterstützung eines Angestellten der Fluglinie einchecken konnte. Scheuen Sie sich nicht, dem Personal Probleme zu signalisieren. Planen Sie daher mindestens 2 Stunden ein und gehen Sie vor dem Abflug, nachdem Sie eingechecked haben, lieber noch einen Kaffee trinken und essen Sie eine Kleinigkeit, Sie werden auf dem inneramerikanischen Flug höchstens Erdnüsse bekommen.

Neuerdings ist bei inneramerikanischen Flügen nicht mal mehr ein Koffer inklusive, hier zahlen Sie – abhängig von der Airline – ca. 25 Dollar pro aufzugebenden Gepäckstück. Dies gilt natürlich nicht, wenn Sie international fliegen und auf ihrem Ticket z. B. erst von Chicago nach New York und dann weiter nach Europa fliegen. Bleiben Sie jedoch ein paar Tage in New York wird das von einigen Airlines als inneramerikanischer Flug bewertet und wenn Sie Pech haben, werden Sie zahlen müssen. Auch auf internationalen Flügen ist nun nur noch ein Koffer im Flugpreis enthalten, für jeden weiteren Koffer oder bei Überschreiten der zugelassenen KG/Koffer zahlen Sie einen Aufschlag (lesen Sie hier bitte die Bedingungen der gewählten Fluglinie). Im Gegensatz zu innereuropäischen Flügen gibt es jedoch bei **US** Fluggesellschaften keine Gewichtsbegrenzung für das Handgepäck (carry on/hand baggage/hand luggage!). Solange es also die zulässige Größe nicht übersteigt, können Sie Ihr Handgepäck bis oben hin füllen und, falls Sie keine kleine Reisetasche dabei haben, sich ggf. einen „Trolli" preisgünstig vor Ort kaufen (z. B. bei Ross, Marshalls oder TJ MAXX). In unserem Fall war das preisgünstiger als die Gebühr für einen extra Koffer oder Übergepäck zu bezahlen, insbesondere da man den Trolli ja für weitere Urlaube wieder verwenden kann.
Sollten Sie noch im Duty Free ein paar letzte Einkäufe tätigen, wundern Sie sich nicht, wenn Ihnen das Gekaufte nicht gleich ausgehändigt wird. Es wird Ihnen spätestens beim Einsteigen ins Flugzeug übergeben bzw. Sie nehmen es sich.

Nun gilt es noch einzusteigen und hoffentlich auf dem Rückflug ein bisschen Schlaf zu finden. Ich hoffe, Sie hatten einen tollen Urlaub und wünsche Ihnen einen guten Heimflug.

Checkliste

Checkliste

Gültigkeit Reisepass geprüft (mindestens 6 Monate)

Reiseziel festgelegt

Umgebung recherchiert

Flug gebucht und Flugticket griffbereit eingesteckt

Reiserücktritts-/-abbruchversicherung abgeschlossen und Versicherungsunterlagen eingesteckt
Reisekrankenversicherung abgeschlossen und Versicherungsunterlagen eingesteckt
Übernachtung(en) gebucht

ESTA Antrag rechtzeitig online ausgefüllt, Bestätigung ausgedruckt und eingesteckt (Handgepäck)
Mietwagen gebucht, ggf. Straßenatlas/Karte gekauft, Buchungsunterlagen eingesteckt (Handgepäck)
Koffer gepackt (1 Koffer kostenlos/Person) bitte beachten Sie die Einfuhrbedingungen für Waren usa-sondershausen.de/Image/Zollbestimmungen.php
Stromadapter / Stromumwandler gekauft und eingepackt

Wichtige Telefonnummern im Handy gespeichert, Vorwahl 01149 für Deutschland) und Handy eingesteckt
Buchungsunterlagen, Adresse in den USA (bei Rundreise. Adresse erste Übernachtung), griffbereit eingesteckt

Reisepass, Führerschein, Kreditkarte(n), Bargeld/Travellercheques, Reiseunterlagen, Atlas/Stadtplan, Kugelschreiber, ggf. Ohrstöpsel und Schlafbrille griffbereit eingesteckt.

Flüssigkeiten im Handgepäck verpackt: *Flüssige und gelartige Produkte, wie z. B. Pflege- und Kosmetikartikel, sind im Handgepäck gestattet, sofern sie den folgenden Bestimmungen entsprechen:*

- *Behältnisse mit Flüssigkeiten und ähnlichen Produkten dürfen bis zu 100 ml fassen (es gilt die aufgedruckte Höchstfüllmenge).*
- *Alle einzelnen Behältnisse müssen vollständig in einem transparenten, wieder verschließbaren Plastikbeutel (z. B. sogenannte "Zipper") mit max. einem Liter Fassungsvermögen transportiert werden.*
- *Je ein Beutel pro Person. Der Beutel muss bei der Sicherheitskontrolle separat vorgezeigt werden.*

Wichtige Medikamente ins Handgepäck gepackt (Flüssigkeiten s.o.)
Fahrgelegenheit zum Flughafen organisiert

den Wecker gestellt.

Wenn alle elektrischen Geräte ausgeschaltet und die Fenster geschlossen sind, schließen Sie Ihre Wohnung ab und haben eine tolle Zeit!

Die wichtigsten Do's und Don'ts im Überblick

Ruhig und höflich am Schalter der Einreisebeamten und bei der Polizei bleiben.	In der Öffentlichkeit keinen Alkohol trinken (z. B. am Strand oder auf der Straße) und niemals Jugendlichen unter 21 Jahren zugänglich machen (auch nicht privat!).
amerikanische Schreibweise: Zahlen 1 und 7 sowie Monat/Tag/Jahr!), Uhrzeit, am (am Morgen)/pm (ab 12.00 Uhr mittags).	Nicht rasen, hupen, Schulbusse mit eingeschaltem Warnblinklicht überholen.
Alkohol verschlossen ausschließlich im Kofferraum transportieren.	Rauchverbot beachten.
Den Damen bei Betreten eines Restaurants die Tür aufhalten und zuerst eintreten lassen.	Nicht oben/unten ohne am Strand liegen, nicht in der Öffentlichkeit urinieren.
15 – 20 % Trinkgeld geben.	Lichthupe nur in Ausnahmefällen betätigen.
Freundlich sein und grüßen „How are you doing" bzw. antworten „fine how are you".	Hunde angeleint lassen und Hinterlassenschaften aufheben.
Frühzeitig tanken.	Nicht vordrängeln.
Bei Rot an Ampeln anhalten, vorsichtig vorfahren, rechts abbiegen erlaubt (außer wenn durch Ausschilderung verboten).	Bei einem Unfall nicht aussteigen, die Türen verriegeln, 911 anrufen.
Den Anweisungen der Polizei folgen, nicht aussteigen, nicht hektisch im Wageninnenraum hantieren oder bücken.	Bei 4 Way Stop Schild denjenigen zuerst fahren lassen, der zuerst angekommen ist.

Quellenverzeichnis:

[i] 220-electronics.com/voltage-converter-buying-guide.html

[ii] http://www.alamo.de/rentalpolicies/732/de/US

[iii] http://www.no-smoke.org/learnmore.php?id=190

[iv] ADAC

[v] http://www.tripadvisor.com/Travel-g191-c1867/United-States:Traveling.By.Car.In.The.United.States.html

[vi] en.wikipedia.org/wiki/School_zone

[vii] sanramon.ca.gov/police/curb.htm

[viii] en.wikipedia.org/wiki/Business_route

[ix] Wikipedia

[x] http://www.tripadvisor.com/Travel-g191-c1867/United-States:Traveling.By.Car.In.The.United.States.html

[xi] http://www.tripadvisor.com/Travel-g191-c1867/United-States:Traveling.By.Car.In.The.United.States.html

[xii] Wikipedia

[xiii] hesocietypages.org,

[xiv] hen.wikipedia.org/wiki/Sales_taxes_in_the_United_States,.

[xv] focus.de/reisen/zoll/zoll/350-euro-freigrenze_aid_9466.html

[xvi] en.wikipedia.org/wiki/List_of_smoking_bans_in_the_United_States

[xvii] nacktbaden.de/856-0-usa.html.

[xviii] http://de.wikipedia.org/wiki/Three_strikes

[xix] auswandern.us

[xx] http://en.wikipedia.org/wiki/BYOB_%28beverage%29